死んでから困らない生き方

スピリチュアル・ライフのすすめ

大川隆法
Ryuho Okawa

まえがき

きわめて宗教の本道を行っている本である。

霊的体験を重ねてきた三十年の歩みを率直《そっちょく》に言葉にしてみた。

こんな簡単な「スピリチュアル・ライフのすすめ」の本でも、衝撃《しょうげき》の真実に驚かれる方もきっといらっしゃることだろう。霊となるのは、明日はわが身である。本当は、是《ぜ》が非《ひ》でも読んでおいてもらわねばならない一冊でもある。

二〇一〇年　八月二十四日

幸福《こうふく》の科学《かがく》グループ創始者兼総裁《そうししゃけんそうさい》　大川隆法《おおかわりゅうほう》

死んでから困らない生き方　目次

Contents

第2章 地獄からの脱出《だっしゅつ》

Contents

Contents

第1章

この世とあの世の真実を知る

1　なぜ、あの世や霊《れい》は見えないのか

私は、毎日、あの世の存在《そんざい》とコンタクトしている

本章では、「この世とあの世の真実を知る」というテーマで、人々が、宗教《しゅうきょう》に入ってくるときに、いちばんの壁《かべ》になる部分、いちばん最初《さいしょ》に飛《と》び越《こ》えなければいけない部分の話をしていきます。

昨年《さくねん》（二〇〇九年）、私は、『霊的《れいてき》世界のほんとうの話。』（幸福の科学出版刊）という本を出しました。この本は、やや仏教的《ぶっきょうてき》な色彩《しきさい》が強いの

なぜ、あの世や霊は見えないのか

ですが、宗教入門的な内容《ないよう》になっていて、初心者の方や、宗教が初《はじ》めての方には、ちょうどよい本かと思います。

この本を読まれた方は、私が、かなりの実体験《じったいけん》を踏《ふ》まえた上で書いていることを感じ取られたのではないでしょうか。

実際《じっさい》に、私の身に、霊的体験が起き始めたのは、一九八一年です。それから、ほぼ三十年近くたちます。

世間一般的《いっぱんてき》に幽霊《ゆうれい》といえば、「おお、怖《こわ》い」と鳥肌《とりはだ》が立つような話なのでしょうが、私自身、この三十年間を振《ふ》り返り、「あの世の霊存在《そんざい》と話をまったくしなかった、あるいは、コンタクトをまったくしなかった日はあったかな」と考えてみると、「一日もなかった。ほぼ毎日あったのではないか」と思います。

私の場合、霊言のかたちでコンタクトするだけではなく、心のなかで霊人と話をすることも可能《かのう》です。そして、寝《ね》る前や明け方など、さまざまな折《おり》に、霊人といつも話をしているという、非常《ひじょう》に不思議《ふしぎ》な生活を送っているわけです。

あの世がハッキリ分かると、この世での魂修行《たましいしゅぎょう》に支障《ししょう》が出る

世間の人々に、「あの世はあると思いますか、ないと思いますか」と質問《しつもん》をし、多数決をとると、「そんなものは信《しん》じられない」という人のほうが優勢《ゆうせい》になるかもしれません。一般的に表向きの考えを訊《き》けば、そうなるでしょう。

裏《うら》に回り、プライベートな〝趣味《しゅみ》の世界〟として個別《こべつ》に訊けば、どういう結果《けっか》が出るかは分かりません。

ただ、表向きに、「あの世や霊を信じますか」と訊くと、「ちょっと信じられない」という人のほうが多く、日本人の六割《わり》から七割ぐらいは、そのような感じかと思います。

なぜ、あの世や霊は見えないのか

しかし、私のように、三十年近く、毎日のように、霊人たちと話をしている人間にとっては、そういう質問自体が成《な》り立ちません。「私が何かを尋《たず》ねれば、すぐ霊人が答える」という関係《かんけい》であり、ほとんど一秒か二秒で返事が返ってくるのです。

これは電話よりも早い世界です。電話であれば、番号を押《お》して、相手が出るのを待たなくてはいけませんが、あの世というのは、思っただけで即《そく》通じる世界なのです。

私は、一九八一年三月に悟《さと》りを得《え》る以前《いぜん》から、あの世の存在を信じてはいたのですが、霊的世界を実体験する前と後とでは、やはり、その差《さ》は大きいものがありました。概念的《がいねんてき》にというか、頭のなかで信じているのと、実体験するのとでは全然違《ぜんぜんちが》うのです。

霊的存在が現実《げんじつ》にいて、私に何かを伝《つた》えようと話しかけてきたり、あるいは、私が心のなかで何かを発信すると、それに答えようとしたりするわけです。

霊人たちは、この世で生きている私たちの生活を見守っていて、何らかの感想を持ち、意見を言ったり、アドバイスをしたりしたがっている

なぜ、あの世や霊は見えないのか

のです。

別の視点《してん》からいうと、「私たちは、四六時中《しろくじちゅう》、霊人たちから見られている」ということです。これに耐《た》えられる人というのは、ほとんど、いないでしょう。

そのため、一般的には、霊が見えないように、あるいは、霊界のことが実生活にあまり入らないように、仕組みとしては出来上がっています。

例《たと》えば、家でご飯《はん》を食べていて、「あっ、亡《な》くなったお祖父《じい》さんが、そこに座《すわ》っている！」などと言いながら気楽に過《す》ごせる人は、世の中に、それほど多くはいません。

亡くなったお祖父さんが横にいたら、「うわ！」と驚《おどろ》いて、「何か悪いことをしたでしょうか。お墓《はか》にお詫《わ》びに行かなければいけないでしょうか」などと思うのが普通《ふつう》でしょう。

しかし、私のように慣《な》れてくると、いろいろな霊が来ても、「ああ、そう。ふーん」という感じであり、「あなたとは関係がないので、お帰りください」と、わりに平気で言えるのです。

普通の人は、「あの世があるかどうか分からない。霊の姿《すがた》は見えないし、霊の声も聞こえない」と言うわけですが、だからこそ、世の中はうまく回っているのです。

「神や仏《ほとけ》が、あの世があることを知らせようとして、宗教を起こすくらいなら、最初から分かるようにしておけばよいではないか」という考えもあるでしょうが、実際に、ずばり分かってしまうと、この世での

なぜ、あの世や霊は見えないのか

魂修行《たましいしゅぎょう》にかなりの支障《ししょう》が出るのです。

それだけではなく、あの世の霊人にとっても、支障が出てきます。すなわち、この世に直接的《ちょくせつてき》な干渉《かんしょう》ができるようになると、ある意味で、この世に対する執着《しゅうちゃく》ができてくるのです。

そして、亀《かめ》を棒《ぼう》で突《つつ》くように、あの世の霊人が「ああしろ、こうしろ」と言ってあまりに干渉するようになると、この世の人は、責任《せきにん》ある主体的判断《はんだん》ができなくなってしまいます。

そういう理由から、あの世の霊人は、間接的なインスピレーションを与《あた》えることはできるけれども、地上の人間が、あくまでも、自分の考え方と行動に責任が取れるように、あまり干渉できなくなっているのです。

『霊的世界のほんとうの話。』にも少し書いてありますが（第二部第3

章）、あえていうと、自動車教習所で、教官《きょうかん》が横に座り、教習生の運転している様子をじっと見ているようなものです。危《あぶ》ないときには、パッと手を出してハンドルを取ったり、急ブレーキを踏んだりしますが、それ以外は本人に運転させています。

それと同じように、あの世の霊人も、ある程度《ていど》、地上の人間の実力に任《まか》せていて、「万一《まんいつ》のときに、危険防止《きけんぼうし》だけはする」というぐらいのところで、干渉を止《とど》めているわけです。

哲学《てつがく》の祖《そ》ソクラテスは、守護霊《しゅごれい》の声が聞こえる人だった

古い例《れい》ですが、「古代ギリシャの哲学者《てつがくしゃ》ソクラテスには、ダイモンと

なぜ、あの世や霊は見えないのか

いう名の守護霊《しゅごれい》が付《つ》いていて、その守護霊の声が聞こえていた」と言われています。

その守護霊は、不思議な霊であり、「こうしろ」とは絶対《ぜったい》に言わずに、「してはいけない」ということだけを言い、それ以外については、ソクラテスの好《す》きなようにさせていたようです。

これは、象徴的《しょうちょうてき》な例であって、「あの世からこの世に介入《かいにゅう》できるのは、どの程度までであるか」ということを表していると思います。

すなわち、「この世での生き方について、本人にその責任が生じるようにするためには、やはり、本人が『やりたい』ということをやらせなければいけない」ということです。ただ、今述《の》べたように、自動車教習所の教官が自分用のブレーキを踏んで車を止めるようなことは、めったにありませんが、どうしても危険になったときには、止めに入るようなこともあるわけです。

なお、ソクラテスは、最後、毒《どく》ニンジンでつくった毒を飲んで死にましたが、ダイモンといわれる守護霊は、「毒を飲むな」とも言いませんでしたし、「逃《に》げろ」とも言いませんでした。弟子《でし》たちが牢《ろう》まで迎《むか》えに来て、彼を連《つ》れ出して逃《に》がそうとしたのですが、「守護霊は『死ぬな』と言っていない」ということで、ソクラテスは従容《しょうよう》として毒杯《どくはい》を仰《あお》ぎ、死んでいったのです。

その当時だけで見れば、不条理《ふじょうり》にも見えますし、少し不思議な感じもします。弟子たちが逃がそうとしているのに、それも牢番までが見て見

なぜ、あの世や霊は見えないのか

ぬ振りをして協力《きょうりょく》しているのに、それを断《ことわ》って死んでしまうのは、不条理なことでしょう。

ただ、ソクラテスは、「守護霊が何も言わないということには、何か意味がある」として、その意を汲《く》み、毒杯を仰いで死んだわけです。この「ソクラテスの死」の意味というのは、その後、だんだん重くなっていったと思います。

つまり、彼の死は、当時の堕落《だらく》したアテナイの民主政《みんしゅせい》への批判《ひはん》になっていたのです。死という事実そのものが、動かぬ証拠《しょうこ》として残《のこ》ったわけです。

当時、彼の弟子にプラトンという人がいました。プラトンは、四十歳《さい》以上年下の弟子であり、ソクラテスが死んだとき、二十八歳でした。

そのプラトンは、最初、ソクラテスの死の意味がどうしても分からず、考えに考えます。その結果、彼は、「要《よう》するに、民主政が衆愚政《しゅうぐせい》に転落してしまっている。やはり、政治《せいじ》の立て直しが必要《ひつよう》なのだ」という結論《けつろん》に達《たっ》し、哲人政治、つまり「哲人による理想政治」というものを唱《とな》えるようになったわけです。

こうしたことが、歴史的《れきしてき》な事実としてあります。

結局、宗教だけではなく、哲学というものも、その根本《こんぽん》は、ソクラテスという、守護霊の声が聞こえた人から始まっています。深遠な思想というものは、たいていの場合、天上界《てんじょうかい》からの啓示《けいじ》やインスピレーションを受けて、形づくられていることが多いのです。

なぜ、あの世や霊は見えないのか

Message

哲学《てつがく》というものも、

その根本《こんぽん》は、ソクラテスという、

守護霊《しゅごれい》の声が聞こえた人から

始まっています。

2 天国に還《かえ》るために最低限《さいていげん》知っておきたいこと

霊《れい》は、食欲《しょくよく》・睡眠《すいみん》欲・性《せい》欲がなくても生きていける

さて、あの世において、いちばん不思議《ふしぎ》なことは何でしょうか。

それは、『霊的《れいてき》世界のほんとうの話。』にも書いてありますが、「この世において、どうしても不可欠《ふかけつ》なものが、あの世では必要《ひつよう》なくなる」ということです。

例《たと》えば、食欲《しょくよく》は、この世において否定《ひてい》できないものです。三度三度の食事を取れていれば、それほどお腹《なか》は空《す》かないかもしれませんが、さすがに、一日のうち一度も食べないというわけにはいかないでしょう。やはり、一定の時間がたったら、お腹がグーグー鳴ってしまいます。食欲というのは、それほど苦しいものです。

それから、睡眠《すいみん》欲があります。これも否定できません。寝《ね》ない実験《じっけん》をやり、「私は一睡もしなかった」と、いくら言い張《は》っても、隠《かく》しカメラで撮《と》って見たら、こっくりこっくりしているのが普通《ふつう》でしょう。この睡眠欲との闘《たたか》いも勝てるものではありません。

食欲、睡眠欲、性《せい》欲というのが、この世の人間が持っている三大欲です。

天国に還るために最低限知っておきたいこと

しかし、あの世の霊たちは、この三大欲がなくても生きていけます。そういう世界に住んでいるのです。

そうすると、過去《かこ》、「宗教修行《しゅうきょうしゅぎょう》」と言われてきたものの意味が分かってくるでしょう。

つまり、宗教修行というのは、「この世の肉体生活においては、欲が不可欠だけれども、あの世に行って、霊界で生活するときには要《い》らなくなる。それを、この世において体験してみよう」という趣旨《しゅし》であることが多いわけです。

例えば、断食《だんじき》修行で何も食べずに我慢《がまん》してみたり、夜も寝ずに坐禅《ざぜん》を組んでみたり、あるいは、異性《いせい》との接触《せっしょく》を避《さ》けてみたりするように、宗教修行には、「あの世に行ったときの体験を、この世でしてみよう」というテーマがよく出てくるのです。

これは、「あの世での生活を、この世で実践《じっせん》することによって、少しでも霊的な人間になろう」という努力《どりょく》であったと言ってよいかもしれません。

ただ、今回、私は、三十年近く霊的体験をいろいろと積《つ》むことで、「昔の、キリスト教や仏教《ぶっきょう》、あるいはその他の宗教が言っていることは、どこまでがほんとうなのか」が分かってきました。

二千年、三千年という歴史《れきし》が重なると、その間に、やはり、数多くの人の解釈《かいしゃく》が入ってきます。

天国に還るために最低限知っておきたいこと

例えば、キリスト教でいえば、法王《ほうおう》のような人でしょうし、仏教でいえば、僧侶《そうりょ》たちです。こうした人たちが、歴代、自分の考えを入れてきているので、「ほんとうの正しい姿《すがた》の宗教が、現代《げんだい》ただいまに伝《つた》わっているかどうか」には、やや疑問《ぎもん》があるのです。

伝言《でんごん》ゲームでは、十人の人に伝えたら、結論《けつろん》が正反対になってしまうことがありますが、それと同じようなことです。特《とく》に、昔は、現代よりも、「記録《きろく》を残《のこ》す」という意味では劣《おと》った時代であったので、「祖師《そし》の教えが正確《せいかく》に伝わっていない」と言ってよいと思います。

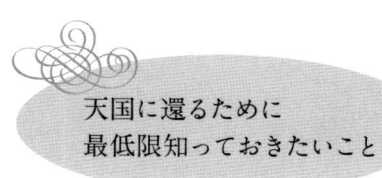

死んで霊《れい》になると、自分の声が、この世の人に届《とど》かなくなる

不思議なことは、まだあります。

この世にいる人にとっては、「あの世の人の声が聞こえない。姿が見えない」というのが不思議なのですが、逆《ぎゃく》に、自分が死んで、あの世に行ったときには、「自分の声が、この世の人に届《とど》かない」というのが、まことに不思議なのです。

この世の人に話しかけたとしても、相手には、自分の声が聞こえません。

そのため、交通事故《じこ》や病気などで、突然《とつぜん》、亡《な》くなった場合には、自分

の死を自覚《じかく》できておらず、「私はまだ死んでいない」と思っているので、家族に一生懸命《いっしょうけんめい》に話しかけるのですが、全員から無視《むし》されているように感じ、「なぜ、急に、こんなに冷《つめ》たくなったのか」が分からないでいることが多いのです。

天国に還るために最低限知っておきたいこと

現代のお葬式《そうしき》そのものに、どれほどの功徳《くどく》があるかは分かりませんが、一定の意味はあるでしょう。

たいていの人は、自分が生きていたときに、ほかの人のお葬式にいちおう出たことがあるので、それがどのようなものかを知っています。

したがって、いざ葬式が始まり、遺影《いえい》に自分の写真が飾《かざ》ってあるのを見ると、ギョッとします。「これは、私の写真ではないか。私は生きているのに、なぜ、葬式で私の写真を飾っているのだ?」と思うわけです。

さらに、お坊《ぼう》さんが来て、お経《きょう》をあげたり戒名《かいみょう》を付《つ》けたり、みなが黒い服を着て泣《な》いたりします。

また、仏教では、伝統的《でんとうてき》に、生ものを食べないし、お酒も飲まないはずなのに、なぜか、葬式が終わると、みなで寿司《すし》を食べたり、ビールを飲んだりしながら、亡くなった人の話をします。寿司もお酒もほんとうは〝あやしい〟のですが、日本では、平気でやっています。

そういうことで、亡くなったことが、まるでお祝《いわ》い事であるかのように、人々が集まってワイワイガヤガヤやっているのを見ていると、何となく、「自分の葬式をやっているらしい」ということが分かってくるのです。

Message

あの世に行ったときには、

「自分の声が、この世の人に届《とど》かない」

というのが、まことに不思議《ふしぎ》なのです。

真実を知らなかった人は、自分の死を理解《りかい》できない

しかし、生前、あの世や霊《れい》を頑固《がんこ》に拒否《きょひ》していた人たち、確信犯《かくしんはん》的に拒否していた人たちは、自分が死んだことに納得《なっとく》しません。

「これは何かの間違《まちが》いだ。私は夢《ゆめ》を見ているか、幻覚《げんかく》を見ているのだ」、あるいは、「みんなで芝居《しばい》をしているのだ。〝ドッキリカメラ〟のようなことをやって、私を騙《だま》しているのではないか」などと言って、なかなか信じようとしないのです。

私は、以前上映した映画《えいが》の冒頭《ぼうとう》で、次のようなシーンを描《えが》きました。

それは、自殺者《じさつしゃ》の霊の話です。ある新聞社のエリート記者が、政治家《せいじか》

天国に還るために最低限知っておきたいこと

の汚職《おしょく》スキャンダルで誤報《ごほう》記事を書き、それを苦にして、電車に飛《と》び込《こ》み自殺をします。しかし、霊になったため、当然、死んでも死に切れません。ボロボロになった姿で駅のホームのあたりを徘徊《はいかい》し、たまたま通りかかった主人公の女の子を、線路に引きずり込もうとするのです。こういうシーンが、映画の最初《さいしょ》のほうに出てきます。

そのように、この世的には立派《りっぱ》に見えたり、社会で活躍《かつやく》したりしていたとしても、真実を知らない人は、自分の死んだあとの状況《じょうきょう》を客観的《きゃっかんてき》に理解《りかい》することができないのです。

あの世や死ということについて、説明《せつめい》を受けたことがない人や、知ろうとしたことがない人、あるいは、人から話しかけられても拒絶《きょぜつ》し、「そんなものは全部インチキだ」と決め付けていたような人が亡くなった場合には、非常《ひじょう》に難《むずか》しいものがあるのです。

真実に目覚《めざ》めるきっかけは、何十年かの人生を生きる間に、ほんとうはたくさんあったはずです。

例えば、幸福の科学では、いろいろな本を出していますし、映画も製《せい》作《さく》して公開しています。また、当会以外《いがい》にも、いろいろな宗教がありま す。ほんとうは、さまざまなきっかけがあったのです。

確《たし》かに、この世においては、宗教の正邪の区別《くべつ》が付きにくく、「どれが本物で、どれが偽物《にせもの》か」が分からないかもしれません。そのため、「疑《うたが》わしきは信ぜず」という態度《たいど》ですべてを拒否し、自分の仕事に役立つことや関心《かんしん》のあることのみに邁進《まいしん》する人がわりに多いのでしょう。

天国に還るために最低限知っておきたいこと

　しかし、そういう人は、死んだあと、自分の存在《そんざい》が理解できません。「自分は死んだはずなのに、なぜ、今、生きているのか」ということに対する「答え」がないということです。しかも、そういう生活を送った人の場合、宗教との縁《えん》がないため、死んだあと、「そういうことを訊《き》きに行くところがない」という悲しさがあるのです。

　そもそも宗教を否定しているので、宗教関係者のところへは行けませんし、病院に行ったとしても、病院の人が教えてくれるわけでもありません。また、そういう人の場合、家族のほうの理解も十分ではないことが多いのです。

　こうしたことを考えると、「死後、『自分が死んだ』ということを理解し、受け入れることができる」というだけでも、魂《たましい》としては、やや優《すぐ》れていると言えます。

〝人生ドラマ〟を見て、生涯《しょうがい》を反省《はんせい》する

さらに、この世の生き方における善悪《ぜんあく》をはっきりと理解できていれば、人間的には、かなり立派なほうになります。

当会の映画「永遠《えいえん》の法」(二〇〇六年公開)にも出てきますが、死後、あの世に還《かえ》ると、映像《えいぞう》を通して、生まれてから死ぬまでの自分の人生を見せられること

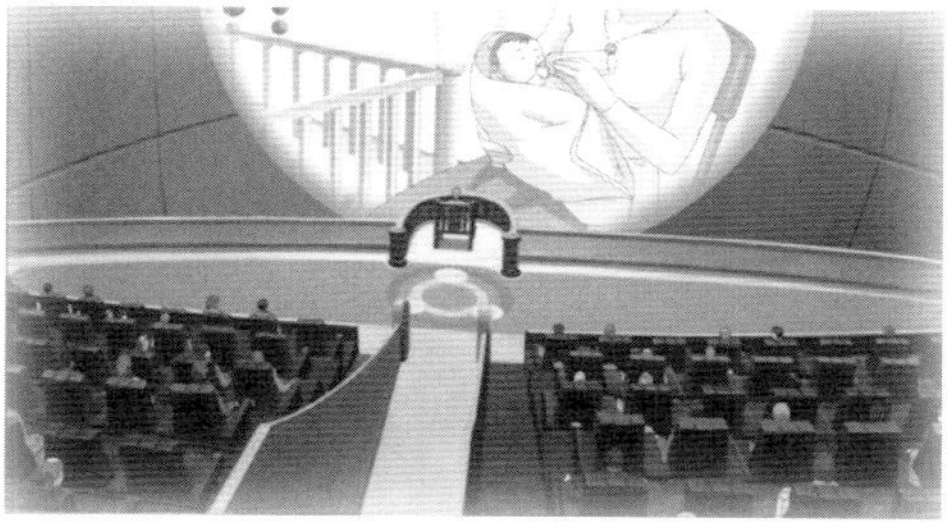

映画「永遠の法」より
死後、あの世に還ると、映像を通して、生まれてから死ぬまでの自分の人生を見せられる。

天国に還るために
最低限知っておきたいこと

が多いのです。この世的な感覚としては、二時間ぐらいの〝人生ドラマ〟なのですが、あの世的な感覚としては、ものすごく短時間で見たような感じがします。

そして、その〝人生ドラマ〟の映像には、自分自身の姿が映《うつ》っているわけですが、それはつまり「自分の目で見た映像ではない」ということです。

このアングルは何かというと、実は、「守護霊《しゅごれい》の目」なのです。

要するに、「守護霊の目で見た『自分の人生』を編集《へんしゅう》して、ダイジェスト版《ばん》の映画にしたら、こうなる」というものを、死んでから一度は見せられることになるわけです。

あるいは、『霊的世界のほんとうの話。』にも書いてあるように（第一部第2章）、手帳のようなものが出てくることもあります。

スウェーデンボルグ（一六八八～一七七二）という北欧《ほくおう》の霊能者《れいのうしゃ》は、「生前の思いと行いが全部書かれている手帳が出てくる」というケースを報告《ほうこく》しています。

彼が霊界で見たケースでは、ある精霊《せいれい》が生前の反省《はんせい》をする場に臨《のぞ》んだところ、生前、その人が使っていたメモ帳が地中からポーンと出てきたそうです。

その人は、生前、賄賂《わいろ》を取るなどの不正行為《こうい》をしていて、「二重帳簿《ちょうぼ》で上手にお金をごまかした」など、その詳細《しょうさい》をメモ帳に書きとめていました。しかし、出てきたメモ帳には、その人が書いていないことまで詳《くわ》しく書かれていて、周《まわ》りの霊たちから、「ほう。こんな悪いことをしていたのか」「こうやって人を騙していたのか」「これでは、どうしようもないな」などと言われながら、すべてを見られてしまったといいます。

このスタイルは、時代によって、少しずつ変《か》わっています。現代では、スクリーン型《がた》のものが多いのですが、昔は、「照魔《しょうま》の鏡《かがみ》」といわれる霊界の鏡に映るかたちで、自分の人生を見せられることが多かったようです。

また、死んであの世に行ってから、自分の人生を見ることが多いのですが、人によっては、死ぬ前の段階《だんかい》で見ることもあります。

例えば、山登りをしていて崖《がけ》から落ちたとき、実際《じっさい》に落ちている時間は数秒か、長くて十秒ぐらいでしょうが、その短い時間の間に、「一生のストーリーを全部見た」という人はたくさんいます。

実は、心のなかの想念帯《そうねんたい》に、一生を記録したフィルムのようなものが入っているのですが、それを一瞬《いっしゅん》のうちに、見るようなことがあるわけです（走馬灯現象《そうまとうげんしょう》、あるいはフラッシュバック現象ともいう）。

いずれにしても、死後、この世で生きていたときの生き方を反省させられます。

これは、たいていの人にとって、嫌《いや》なものです。恥《は》ずかしいシーンや隠したいシーンが多く、他の人に見せたいシーンは、大して出てこないというような状況です。

天国に還るために最低限知っておきたいこと

ほめてもらいたいシーンは、それほど出てきません。逆に、「ほめてもらいたい」と思って、いろいろと画策《かくさく》しているようなところが出てきたりします。

そのように、「自分はどういう人間であるか」が明らかにされてしまうのです。

しかも、〝人生ドラマ〟を上映する際には、親類《しんるい》縁者や友達《ともだち》など、その人と関係のある人が、いろいろと集まってきます。年を取ってから亡くなった人であれば、自分より先にあの世に行っている人が多いので、その分、大勢《おおぜい》の人に見られることになります。

そして、上映が終わったときに、拍手《はくしゅ》が起こるか、それともシラーッとしているか、みなの反応《はんのう》を見れば、「自分は、これから先、どの世界に行くべきか」ということが、何となく分かってくるのです。

お盆《ぼん》やお彼岸《ひがん》のときには、霊界《れいかい》との交流が盛《さか》んになる

また、春と秋にはお彼岸《ひがん》がありますが、実は、このころは、霊界《れいかい》との交流が盛《さか》んになります。お盆《ぼん》のころもそうですが、春と秋のお彼岸のころも、けっこう交流が盛んになるのです。

こうした時期には、この世の人が、あの世に思いを向けることが多いのですが、そうすると、あの世の人は、地上に出てきやすくなります。あの世の人がこの世に出てきたり、この世からあの世に行ったりすることが、非常にしやすくなるのです。

天国に還るために最低限知っておきたいこと

ずっと以前のことですが、私の母方の祖母の霊が、お盆のとき、一度だけ家に来たことがありました。そのとき、「お盆の期間だけ、地獄《じごく》の門が開《ひら》く」と言っていたのです。

「地獄の責《せ》め苦にあっている人たちは、お盆のとき、いちおう娑婆《しゃば》（この世）に帰っていいことになっている。ちょうど、夏休みに故郷《ふるさと》へ帰省するように、あの世の人たちも子孫《しそん》のところに帰ってこれる」と言っていました。

地獄の門が開くということは、門番が夏休みを取るということでしょうか。

「地獄の門番をはじめ、赤鬼《おに》も青鬼も、みな夏休みを取るので、いったん家に帰してくれる。それが、お盆のころだ」というように確か言っていたのです。

当時の私にとって、それは初耳《はつみみ》であり、「ああ、そうなんだ。地獄の門番も夏休みを取るわけだ」と思ったのを覚《おぼ》えています。

私の祖母は、「あの世の〝刑務所《けいむしょ》〟も夏休みを取り、門番がいなくなるので、この世に帰ってこれる。子孫のところにやって来る。それが、お盆だ」と言っていましたが、確かに、お盆のころと、春と秋のお彼岸のころは、この世に帰ってきやすいと思います。

「地獄の門番は、春休み・夏休み・秋休みを取っている」ということですが、冬休みは、どうしているのでしょうか。まだ確認《かくにん》を取っていないので分かりませんが、正月は、神社のほうが強くなる時期ではあります。

一月、二月は、日本神道系《しんとうけい》の神々の力が非常に強くなるので、この時期は、光が特に強いのです。

十月は、神無月《かんなづき》といって、「神々がいなくなる」と言われていますが、神々がどこかに集まり、新年に向けて力を蓄《たくわ》えるために〝研修《けんしゅう》〟をしているのかもしれません。とにかく、正月は、日本神道の力がたいへん強くなってきます。そういう世界があるわけです。

Message

この世の人が、あの世に思いを

向けると、あの世の人は、

地上に出てきやすくなります。

3　目に見えない世界を信《しん》じて生きよう

この世での生き方が、あの世の行き先を決める

ここで、みなさんに知ってほしいこと、また、ほかの人に伝《つた》えてほしいことを簡単《かんたん》にまとめておきましょう。

これまで、私は、数多くの本を書きましたが、「全部読んでください」「講演《こうえん》も全部聴《き》いてください」と言うのも不親切《ふしんせつ》でしょうから、簡単に述《の》べておきたいと思います。

今、みなさんは肉体に宿って生活をしていますが、肉体が人間のすべてではありません。肉体のなかには、昔から言われているように、「魂《たましい》」がほんとうに入っているのです。

この魂は、この世に生きている間は、肉体とそっくりな姿形《すがたかたち》をしています。肉体から魂が一、二センチはみ出していることはありますが、肉体にオーバーラップするかたちで、魂が一緒《いっしょ》に生活しているのです。

しかし、死を境《さかい》にして、魂は肉体から遊離《ゆうり》します。肉体は、火葬場《かそうば》で焼《や》かれて埋葬《まいそう》されますが、魂のほうは、肉体から離《はな》れて、あの世に旅立ちます。

あの世に旅立って、三途《さんず》の川を渡《わた》るころまでは、まだ善悪《ぜんあく》の判定《はんてい》がよく分からない状態《じょうたい》ですが、そのあと、この世で生きていたときのことを反省《はんせい》させられる場面が出てきて、あの世での行き場所が決まっていくわけです。

そして、あの世での行き場所を決めるものは、この世での生き方そのものです。

「この世で、どういう生き方をしたか」ということが、「死後、天国に行くか、地獄《じごく》に行くか。それとも、天国にも地獄にも行けず、この世でウロウロすることになるのか」を決めることが多いのです。

天国・地獄《じごく》を分けるのは喜怒哀楽《きどあいらく》の感情《かんじょう》

このように、人間には、死後の行き先として天国・地獄《じごく》がありますが、動物にも、やはり最低限《さいていげん》の天国・地獄はあります。

動物にも、「幸福に生きた」という動物と、「不幸だった」という動物がいるのです。

動物の霊《れい》についても、私は、ずいぶん経験《けいけん》をしています。

例《たと》えば、「ペットとして飼《か》われ、幸福でした」というような、天国型《がた》の動物霊もいます。

一方、ダンプカーにひかれて死んだキツネや、狩《か》りで撃《う》たれたキツネ、あるいは、夜中に道路を渡っていて、走ってきた車にひかれたヘビなどは、やはり、悔《くや》しい思いや無念《むねん》な思い、怒《いか》りの思いを持っているので、地獄というには、やや〝お粗末《そまつ》〟ですが、いちおうの地獄に堕《お》ちるわけです。

要《よう》するに、天国・地獄を分けるのは、通常《つうじょう》、感情のレベルです。天国・地獄は、喜怒哀楽《きどあいらく》にかかわることで決まるのです。ハッピーな気持ちが続《つづ》いているようであれば天国的《てき》であり、恨《うら》みやつらみ、怒りなど、マイナスの思いがたくさん出るようであれば、地獄的であるということです。

目に見えない世界を信じて生きよう

霊的人生観《れいてきじんせいかん》を受け入れるかどうかで、人生に大きな差《さ》が出る

あの世が、すっきりと見えたり分かったりしない理由は、やはり、この世の生活に支障《ししょう》が出るためです。そのため、いつの時代にも、宗教家《しゅうきょうか》

Message

恨《うら》みやつらみ、怒《いか》りなど、マイナスの

思いがたくさん出るようであれば、

地獄的《じごくてき》であるということです。

や霊能者《れいのうしゃ》などが出てきて、この世とあの世の仕組み自体をきちんと教えるようになっています。

ただ、「それを信《しん》じるか、信じないか」は、各人《かくじん》の自由に任《まか》されています。

そして、「目に見えない世界や、目に見えない善悪などの存在《そんざい》を信じることができるかどうか」ということで、「魂的に向上しているか、堕落しているか」が、今世の修行《しゅぎょう》として測《はか》られることになるのです。

こういうことを、最低限、知っておいたほうがよいでしょう。

あの世には、仏《ほとけ》や神、あるいは天使、如来《にょらい》・菩薩《ぼさつ》といわれるような尊《とうと》い存在もいれば、普通《ふつう》の人間霊もいます。そして、人間霊には、善良《ぜんりょう》な

目に見えない世界を信じて生きよう

人と、善良ではなかった人がいます。

さらに、悪魔《あくま》といわれるような存在もいます。これは、千年以上《いじょう》も地獄から出てこないような人たちです。彼らも、もとは人間として生まれたことのある存在ですが、はっきり言って、生前、悪いことばかりを考え、積極的《せっきょくてき》に人を害《がい》そうとしたような人たちなのです。

例えば、戦争《せんそう》において、ほんとうに悪い心を持って、大勢《おおぜい》の人を殺《ころ》したような人は、殺された人々の恨みが消えないので、そう簡単に地獄から出てくることはできません。あるいは、思想的に人を惑《まど》わし、迷《まよ》わせたような人たちも、なかなか地獄から出てくることはできないのです。

目に見えない世界を信じて生きよう

その意味で、あの世は、非常《ひじょう》にフェア（公平）な世界です。

この世では、フェアでないこともあります。実直《じっちょく》に、正しく、一生懸《いっしょうけん》命《めい》に生きたのに、この世では、それほど報《むく》われない人もいれば、うまいことをやって成功《せいこう》する人もいます。この世では、いろいろなケースがあろうと思いますが、あの世の世界というのは、かなりフェアに判定が出るのです。

神、仏の創《つく》った世界は、決して、人間の生き方を裏切《うらぎ》るようなことはありません。

この世で苦労《くろう》したら、「損《そん》をした」と思うかもしれませんが、その苦労が、それなりに正しいものであれば、あの世で報われることになります。一方、この世で楽をして、「うまくいった」と思ったとしても、それが正当なものではない場合は、死後、あの世で必《かなら》ず反省させられるようになるのです。

これが真実の世界観《かん》であり、宗派を問わず、宗教を問わず、洋の東西を問わず、全世界で認《みと》められている考えなのです。

こうした霊的人生観《れいてきじんせいかん》を受け入れて生きている人と、受け入れずに生きている人とでは、やはり人生に大きな差が出てきます。

霊的人生観を持っている人にとっては、日々の仕事や生活が、学びの場になります。

一方、「こんなものは信じられない」と思っている人にとっては、すべてが偶然《ぐうぜん》の連続《れんぞく》になります。「死後の世界など分からないから、考え

Message

霊的人生観《れいてきじんせいかん》を

持っている人にとっては、

日々の仕事や生活が、学びの場に

なります。

ても無駄《むだ》だ」と思うのでしょうが、結局《けっきょく》、あとで大きなつけが回ってくるのです。

このことについては、私自身の三十年近い経験から見て、「疑《うたが》う余地《よち》はない」と述べておきたいと思います。

すべての人に「信仰《しんこう》のすすめ」を

この世とあの世の真実について、いろいろと述べてきましたが、すべての人が私と同じような経験をすることはできません。そのため、宗教には、信仰《しんこう》というものが必要になります。

目に見えない世界を信じて生きよう

何度でも証明《しょうめい》できる科学実験のようなものであれば、信仰は、そもそも必要がありません。実験して何度でも再現《さいげん》できるなら、事実を確認《かくにん》し、受け入れるだけのことになるので、それは信仰ではないのです。

ここに、宗教が、信仰というものを要求《ようきゅう》する理由があります。

もちろん、死んでからは、何人《なんぴと》も同じような経験をするのですが、生きている間は、経験できません。

したがって、宗教指導者《しどうしゃ》たちの教えることを受け入れるしかないわけです。それが、信仰の意味です。

どの宗教でも「信仰しなさい」と言っているのは、決して騙《だま》そうとしているわけではなく、信仰を通さずして、仏や神の世界に向かって跳躍《ちょうやく》し、その世界に入ることはできないからなのです。

そういうことで、「信仰のすすめ」をしているわけです。

以上が、スピリチュアル幸福生活の導入の部分となります。

第2章

地獄《じごく》からの脱出《だっしゅつ》

1 「思い」こそが人間の正体

「中央政府《せいふ》」に恨《うら》みを持ち続《つづ》ける地方豪族《ごうぞく》の霊《れい》

本章では、「地獄《じごく》からの脱出《だっしゅつ》」というテーマについて述《の》べていきます。これはとても大事なテーマであり、実際《じっさい》に、この方法《ほうほう》さえマスターできれば、宗教《しゅうきょう》としての使命は、ある程度《ていど》、果《は》たせたと言えます。

立派《りっぱ》な生き方をし、死後に地獄へ行かない場合はよいのですが、もし地獄へ行ったときは大変《たいへん》です。それを防《ふせ》ぐのが宗教の使命であり、生きているうちに「地獄から脱出する方法」を勉強しておくことは、非常《ひじょう》に大事なことであると思います。

「思い」こそが人間の正体

以前《いぜん》（二〇〇九年九月）、私は、岩手県の盛岡支部《もりおかしぶ》で説法《せっぽう》をしたあと、盛岡で一泊《いっぱく》したのですが、その夜、「安らかに眠《ねむ》れるかな」と思ったら、やはり、〝何者か〟がやってきました。

そこで、幸福の科学の根本経典《こんぽんきょうてん》である「正心法語《しょうしんほうご》」のCDをかけて、来た者の正体を突《つ》き止めることにしたのです。

岩手県には、征夷大将軍《せいいたいしょうぐん》である坂上田村麻呂《さかのうえのたむらまろ》の遺跡《いせき》を復元《ふくげん》したものがあり、当日、私はそれを見てきたのですが、その夜に出てきた者は、昔、坂上田村麻呂に敗《やぶ》れた東北の豪族《ごうぞく》の霊《れい》でした。

その霊が、現在《げんざい》、政界《せいかい》で「岩手王国」をつくっている某氏《ぼうし》に憑《つ》いて、〝指導《しどう》〟をしているらしいのです。

その霊は、いちおう悪魔《あくま》に分類《ぶんるい》してよい霊だと思われますが、要《よう》するに、「中央政府《せいふ》を倒《たお》したい」ということを一生懸命《いっしょうけんめい》に言っていたので、二〇〇九年の政権《せいけん》交代においても、そういう思いが反映《はんえい》していたのかなと思いました。

その霊は、自民党《じみんとう》政権を倒せたことを非常に喜《よろこ》んでいて、「坂上田村麻呂に倒された恨《うら》みを、これで返した」というような言い方をしていました。

今の政界の「新・闇将軍《やみしょうぐん》」氏には、そういうものが寄《よ》ってきてもおかしくはないかもしれません。「正心法語」の功徳《くどく》によって、その霊は、

「思い」こそが人間の正体

だんだんいられなくなり、途中《とちゅう》で話ができなくなったのですが、どうやら、「新・闇将軍」氏には、そういう霊が憑いているらしいということが分かりました。

その霊は、中央政府というものをとても憎《にく》んでおり、明治維新以降《めいじいしんいこう》、東京を中心として発展《はってん》した、この国のあり方を破壊《はかい》しようとしているような感じを受けました。こういう霊に憑かれていると、やはり、そのようなことをするだろうと思います。

ちなみに、まだ霊的調査《ちょうさ》が十分ではなく、あまり確度《かくど》が高い情報《じょうほう》とは言えませんが、どうやら、幸福実現党の幹部《かんぶ》のなかに、その坂上田村麻呂に当たる人がいるらしいということも言っていて、「敵討《かたきう》ちができた」と喜んでいたのです。その霊が言っていたことが事実だとすると、この因縁は、まだ、延々《えんえん》と続《つづ》くかもしれません。

このように、地獄に堕《お》ちていても、地上の人に憑依《ひょうい》して〝天下を取る〟ようなこともあるわけですが、地獄に堕ちている人の特徴《とくちょう》は、やはり、恨みの気持ちや、「仕返しをしたい」というような気持ちが非常に強いことです。また、権謀術数《けんぼうじゅっすう》を用いて、裏《うら》でいろいろと操《あやつ》るような傾《けい》向《こう》も強いのです。こうした特徴は、悪魔の性質《せいしつ》と非常に近いものがあります。

したがって、正々堂々《せいせいどうどう》と、正直に意見を述べるのではなく、裏でいろいろと権力をいじろうとする人には、そういう悪魔が近づいてくるのです。

「思い」こそが人間の正体

自分の「思い」を見極《みきわ》める智慧《ちえ》を身につけよう

政治家をしていると、人間が複雑《ふくざつ》になり、嘘《うそ》を言うのが当たり前になっていくようですが、「地獄からの脱出」というテーマでいえば、やはり、人間として誠実《せいじつ》に、できるだけ透明性《とうめいせい》のある生き方をすることが大事だと思います。

特に、政治と宗教に関《かん》して述べると、宗教には敵《てき》も多いので、政治活動においては、できるだけ宗教のほうを隠《かく》す傾向が世の中にはあります。そのため、幸福実現党のように、堂々と、政治と宗教を一体のものとして打ち出していくと、敵が非常に増《ふ》えてくる面はあるかもしれません。

ただ、私たちは、あくまでも、正直に、正々堂々の陣《じん》で押《お》していこうと思っています。やはり、「正しいことは正しい」ということを言い続けていきたいし、「神仏《かみほとけ》の世界をこの地上に降《お》ろす」ということを目標《もくひょう》として、少しずつであっても前進していきたいのです。

そういうかたちで、この世を浄化《じょうか》し、仏国土《ぶっこくど》ユートピアに変えていく努力《どりょく》を積《つ》み重ねていこうと思います。決して短気になることなく、努力・精進《しょうじん》を続けていきたいと考えているのです。

現代の政治は、選挙《せんきょ》で勝敗《しょうはい》を決しますが、昔であれば戦争《せんそう》をしました。そのため、負けた場合には、千年の時空を超《こ》えて、その恨みの心や、悔《くや》しさ、怨念《おんねん》などが残《のこ》ることがあるようです。

「思い」こそが人間の正体

結局《けっきょく》、人間の正体というのは、「思い」なのです。「どういう思いを持っているか」ということが、人間の正体であるので、「自分の思いが、悪霊的《てき》なものであるか、悪魔的なものであるか、あるいは天使的なものであるか」ということを見極《みきわ》めていくことが大事なのです。

生きているさなかにおいて、「どのようにすれば天使たちの加護《かご》を受けるような生き方ができるか。どういう考え方を持てば悪霊と親和性ができ、そういうものが寄ってきて自分に取り憑くか」ということを見分ける智慧《ちえ》を身につけることが大事であり、それが、「悟《さと》りを得《え》る」ということであるのです。

自覚的《じかくてき》にそれができるようになれば、「悟りを得た」と言えるわけです。ここが非常に大切なポイントです。ある程度、修行《しゅぎょう》が進んでくると、

「地獄的な思いであるのか、天国的な思いであるのか」ということが分かるようになり、自分で判断《はんだん》して調整をつけていくことができるようになります。

地獄に長くいる人は、結局、「どういう思いのあり方が天国的なのか」ということ自体が分からないため、自分の持っているドロドロとした想念をストレートにぶつけ、発信《はっしん》し続けていることが多いのです。

Message

結局《けっきょく》、人間の正体というのは、

「思い」なのです。

2　死後、幽霊《ゆうれい》にならないために

東北地方ではなぜ自殺率《じさつりつ》が高いのか

都道府県別《とどうふけんべつ》の自殺率《じさつりつ》を見ると、青森県や秋田県などの東北地方が上位《じょうい》を占《し》めています。

最近《さいきん》は、山梨県《やまなしけん》が一位になっているようですが、昔から東北地方の自殺率が高いことは事実です。

おそらく、冬に雪が降《ふ》るため、憂鬱《ゆううつ》な気候《きこう》の影響《えいきょう》を受けて、性質的《せいしつてき》こ

死後、幽霊にならないために

ウツになりやすいところがあるのでしょう。

また、東北地方は、経済的《けいざいてき》にも比較的《ひかくてき》貧《まず》しいため、家庭崩壊《ほうかい》などが起きやすいということもあるでしょう。

さらに、青森県あたりでは、「破滅型《はめつがた》の人生を送る人がわりに多い」ということも言われています。イメージ的には、地味で、まじめで、堅《けん》実《じつ》な人が多いように思うのですが、意外にそうではない面もあり、「プライドから、けっこう派手《はで》な動きをして破滅する」というスタイルの人が、多々、見受けられると聞きます。

小説《しょうせつ》『走れメロス』は、借金《しゃっきん》に追われる生活から生まれた

例《たと》えば、青森県出身の太宰治《だざいおさむ》という作家は、借金《しゃっきん》を重ねて逃《に》げ回っていたと言われていますが、そういう人が『走れメロス』という小説《しょうせつ》を書いたりするわけです。

『走れメロス』という小説は、美しい友情《ゆうじょう》を描《えが》いた作品かと思ったら、何のことはない、作者が多額《たがく》の借金を重ね、友人・知人を訪《たず》ねては、「借金を返す金を貸《か》してくれ」と言って走り回っていた実体験《じったいけん》が、あのような小説に転化しているのです。

一般《いっぱん》の人はそういう事情を知らないので、「麗《うるわ》しい友情物語だ」と思

死後、幽霊にならないために

うわけですが、実は、借金に追われる生活のなかから生まれた小説であるということです。そのような破滅型の生活をする人が、この地方の一部に見受けられるようです。

それから、「ねぶた祭り」で散財《さんざい》する人がいるという話も聞きます。そのように、ときどき派手なことをする傾向性《けいこうせい》を持っているらしいのです。

この地方の人は、外見は、おとなしくて、まじめで、堅実そうに見えても、実は、非常《ひじょう》にプライドが高かったり、破滅型の行動を取ったりするので、性格《せいかく》が非常に読み解《と》きにくく、一見しただけでは分かりにくいところがあるようです。性格が複雑《ふくざつ》なのでしょう。

「しつこい性格《せいかく》」の人は、死後に幽霊《ゆうれい》になりやすい

また、私の見たところ、この地方出身の人には、他人の言葉を非常にストレートに受け止める傾向があるように思います。

人から厳《きび》しいことを言われたりすると、それをストレートに受け止め、長く抱《だ》き続《つづ》けてしまい、「えっ？　まだ、そのことを考えていたの？」というようなことがあるようです。言ったほうは、そのときの気持ちを率直《そっちょく》に述《の》べただけであって、翌日《よくじつ》にはすっかり忘《わす》れているのに、言われたほうは何年も考え続けているわけです。

それは、まじめな性格《せいかく》と言うべきなのかもしれませんが、「しつこいと

死後、幽霊にならないために

言えば、しつこい性格です。そのしつこさは、死後に幽霊《ゆうれい》になりやすい性格でもあるので、気を付《つ》けたほうがよいでしょう。幽霊にならないためには、さっぱりした性格が求《もと》められるのです。さっぱりした性格の幽霊は、あまりいません。

幽霊になるタイプの人は、みな、しつこくて、同じことを何年も言い続けるような、執着《しゅうちゃく》、執念《しゅうねん》を持っています。何かに対して、強い執着、執念を持っていたり、〝不成仏《ふじょうぶつ》〟の思いを忘れられなかったりするのが、「幽霊の原則《げんそく》」なので、なるべく、カラッとして、さばさばした性格をつくっていくことが、「幽霊にならないための条件《じょうけん》」なのです。

Message

幽霊《ゆうれい》にならないためには、

さっぱりした性格《せいかく》が

求《もと》められるのです。

死後、幽霊にならないために

「諸行無常《しょぎょうむじょう》」「諸法無我《しょほうむが》」「涅槃寂静《ねはんじゃくじょう》」の教えの大切さ

以前《いぜん》、「八甲田山《はっこうださん》・死の彷徨《ほうこう》」などというものもありました。小説や映画《えいが》にもなったので有名ですが、そのときに遭難《そうなん》して死んだ人たちの霊は、いまだにそのあたりにいるかもしれません。

というのも、死んであの世に還《かえ》ると、時間が止まってしまうような場合があるからです。死んだときに、あまりにも強烈《きょうれつ》な思いを持っていると、時代の変化《へんか》というものが分からなくなってしまい、死んだ時点で時間が止まっていることがあるのです。

前述《ぜんじゅつ》したように、東北地方が蝦夷《えみし》と言われていた時代に殺《ころ》された恨《うら》みを、いまだに持ち続けているような人もいます。そのように、あまりにも強烈な思いを持つと、その時点で時間が止まってしまうのです。本当は、時代の変化と共《とも》に、そうした恨みの思いは薄《うす》れていかなければいけないのですが、それを忘れることなく、「何とかして恨みを晴らしたい」という気持ちを強く持ち続けてしまうわけです。

そういう意味では、仏陀《ぶっだ》の説《と》く「諸行無常《しょぎょうむじょう》」「諸法無我《しょほうむが》」「涅槃寂静《ねはんじゃくじょう》」の教えは、やはり、正しいのです。

「諸行無常」とは、「世の中というのは、変転していくものなのだ」ということであり、「諸法無我」とは、「この世には、実体のあるものはない。この世において、目に見え、触《ふ》れるようなものは、みな、すべて消え去っていくものであるから、そういうものにとらわれてはならない。

死後、幽霊にならないために

そうではなく、普遍的《ふへんてき》なもののほうに、心を向けていかなければならない」ということです。

それから、「涅槃寂静」というのは、悟《さと》りの世界です。「あの世の悟りの世界は、寂静の世界、すなわち、非常に澄《す》み切った静《しず》かなところであり、汚《けが》れのない波動《はどう》の世界である」ということです。

死後、幽霊にならないためには、こうした教えが大切なのです。

3　地獄《じごく》にいる人々の特徴《とくちょう》

地獄《じごく》は都会に似《に》ていて、天国は田舎《いなか》に似ている

　ここで、もう一つ付《つ》け足しておきたいことがあります。それは、「田舎《いなか》から見ると、『都会はいいなあ』と思うかもしれないが、地獄《じごく》というのは、実は、都会によく似《に》ている」ということです。

　地獄という世界は、どこを見ても都会に似ているのです。

　一方、天国は、田舎によく似ていて、牧歌的《ぼっかてき》なところが多いのです。

地獄にいる人々の特徴

これは、人口が少ないことと関係《かんけい》があるのだろうと思います。あの世では、上の世界へ行くほど、しだいに人口が減《へ》っていき、人口密度《みつど》が薄《うす》くなります。人口密度が薄くなると、要《よう》するに、田舎と同じような状況《じょうきょう》が生まれてくるのです。

逆《ぎゃく》に、下の世界へ行くほど人口が増《ふ》えてくるため、地獄は、意外と都会に似ているのです。あえて言えば、ニューヨークのハーレムのような、都会の犯罪《はんざい》多発地域《ちいき》に似ています。

天国は農村地帯《ちたい》に近いイメージがあるので、東北地方などの農村地帯に住んでいる人たちは、すでに「地獄からの脱出《だっしゅつ》」を果《は》たし、天国に住んでいると言えるかもしれません。「青森を出て東京に行った人は、収《しゅう》入《にゅう》が増えてうらやましい」などという思いが起きたときには、「あの人は、地獄に行ったのだ。あれは『地獄への脱出』だったのであり、私たちは天国に残《のこ》ったのだ」というように考えれば、気持ちが少し和《やわ》らぐかもしれません。

確《たし》かに、天上界の風景《ふうけい》は田舎です。如来界《にょらいかい》から上の世界へ行けば、本当に人が少なくて、ほとんど村のようなものです。気の合った人同士《どうし》がときどき会う程度《ていど》で、人気《ひとけ》がかなり少なくなってきます。

下のほうの世界は人口がとても多いので、にぎやかなところが好《す》きな人は、そちらの世界に行きます。

Message

天国は、

田舎《いなか》によく似《に》ていて、

牧歌的《ぼっかてき》なところが多いのです。

自分が死んだことに気づいていない人の哀《あわ》れさ

地獄界でも、比較的浅《ひかくてきあさ》いところには、この世と同じような生活をしている人も数多くいます。

死んであの世に還《かえ》ると、不思議《ふしぎ》な現象《げんしょう》がいろいろと起きるので、「この世の生活とはかなり違《ちが》う」ということはよく分かります。

例《たと》えば、人とぶつかって、「あっ、失礼《しつれい》」と言おうと思ったら、自分の体が相手の体を通り抜《ぬ》けてしまったというようなことが起きます。そのようなことは、この世ではありえないことです。

あるいは、壁《かべ》をスッと通り抜けるようなこともあり、最初《さいしょ》のうちは非《ひ》

地獄にいる人々の特徴

常《じょう》に驚《おどろ》きます。それから、遠くでホタルのようなものがポッと明るく光ったように見え、「何だろうか」と思った瞬間《しゅんかん》、それがヒューッと目の前に現《あらわ》れたりもします。

そういう現象がたくさん起きるので、最初は、非常に摩訶不思議《まかふしぎ》な世界に入ったような感じを受けるのですが、しばらくすると慣《な》れてきます。そして、「自分は、何かの間違いで別《べつ》の世界に来てしまったけれども、こちらが本来の世界なのだろう」と考え、「自分はまだ生きている」と思って生活しているのです。

そのように、地獄の低位霊界《ていいれいかい》といわれるあたりには、あの世に還っているということに、まだ気がついていない人がたくさんいますし、実際《じっさい》に、この世の生活とほぼ同じようなものがあります。

例えば、この世にあるような店なども、一通りあります。ただ、不思議なことに、店から食べ物を盗《ぬす》んだりして食べたつもりでいても、しばらくすると、食べた物が元の店に戻《もど》っているのです。

そういう不思議なことが起きるのですが、ただ、本人は、自分がまだ生きていると思っている場合がほとんどなので、「あなたは死んだのだ」と説得《せっとく》しようとしても、かなり難《むずか》しいのです。

また、この浅い地獄界には、地獄に堕《お》ちたお坊《ぼう》さんや牧師《ぼくし》等もいて、自分が地獄にいることを知らずに説教をしていたりします。まことに不思議ですが、宗教者《しゅうきょうしゃ》でありながら、死んで地獄に堕ちたことが分かっていないのです。

地獄にいる人々の特徴

それで、「キリスト教を信《しん》じなければ、君たちは天国に行けないぞ」などと、説教をしているわけです。この世で生きていたときに教会で言っていたことを、そのまま言っているのです。

また、その世界にいるお坊さんたちは、読経《どきょう》をすることもありますが、心の底《そこ》では信じておらず、「死んだら何もかも終わりだ」と思っていたりします。本質的《ほんしつてき》には唯物論者《ゆいぶつろんしゃ》だったのに、家業がお寺だったので親の跡《あと》を継《つ》いで商売としてやっていたというような、裏表《うらおもて》のある偽善者《ぎぜんしゃ》が、そのあたりの世界にはよくいます。

そこでも、相変《あいか》わらず、お坊さんの真似事《まねごと》をしているのですが、周《まわ》りの人からはほとんど無視《むし》されています。それで、「世の中には、真理を悟《さと》っている人が少ない！」などと、一生懸命《いっしょうけんめい》に文句《もんく》を言っているのです。

地獄霊《じごくれい》は、自らが反省《はんせい》するよりも、仲間《なかま》を増《ふ》やそうとする

地獄霊《じごくれい》の本質を一言で言えば、〝自己中《じこちゅう》〟です。みな、自己中心の考え方をしていて、自分の立場を一生懸命に説得することには非常に長《た》けているのですが、本当に相手の立場に立って、その人の幸福を考えるということは、非常に少ないのです。「自分が犠牲《ぎせい》になってでも、人のために尽《つ》くそう」と思うような人は、この世界にはまず見当たりません。

以前上映した映画《えいが》の冒頭《ぼうとう》に近いシーンで、新聞記者が、電車に飛《と》び込《こ》んで自殺《じさつ》したあと、自分が霊になったことが分からずに、知り合いの少女を引きずり込もうとする場面が出てきますが、そういうことをする人

たちが、実際に数多くいるのです。

事故死《じこし》が多発する場所や、自殺の多発する駅、あるいは、自殺の名所と言われる岸壁《がんぺき》などでは、すでに死んでいる者たちが、他の人を引きずり込もうとしています。また、何度も遭難《そうなん》が起きるような場所でも、同じように、生きている人を引っ張《ぱ》り込んでいます。

地獄にいる人々の特徴

そうすることによって、さらに罪を重くしていくわけですが、地獄にいる人の特徴は、自らが反省《はんせい》をするよりも、仲間《なかま》を増《ふ》やそうとすることにあります。自分と同じような境遇の人を増やし、仲間を増やせば、自分の苦しみが薄れるような気がするのです。たとえて言えば、「自分だけが貧乏《びんぼう》なのはつらいけれども、ほかの人も貧乏になれば、気持ちがすっきりする」というような考え方です。

確かに、「平等の思想」のなかには、よいものも当然《とうぜん》ありますが、そのなかに、もし、「みなが不幸になれば、平等でよい」という考えが入っていたならば、それも一種《いっしゅ》の地獄的な考え方であるので、気をつけたほうがよいと思います。

Message

地獄霊《じごくれい》の本質《ほんしつ》を一言で言えば、

“自己中《じこちゅう》”です。

4　自分が向上し、成功《せいこう》していくための考え方

成功者《せいこうしゃ》を祝福《しゅくふく》する気持ちを持つと、人生が楽になる

「他の人を不幸《ふこう》な状態《じょうたい》に引きずり込《こ》めば、自分が幸福になる」という気持ちは、ある程度《ていど》は、誰《だれ》しも持っているものですが、そういう気持ちが、もし自分のなかにあったならば、やはり、考え方を変《か》えるべきです。

すなわち、幸福な人が出てきたら、努力《どりょく》して、そういう人たちを祝福《しゅくふく》す

自分が向上し、成功していくための考え方

る気持ちを持ったほうがよいのです。成功《せいこう》した人に対して、「よかったね」という心を持つことが、あなた自身が向上し、成功していくための、よい方法《ほうほう》なのです。

私も、若《わか》いころは、他人との比較《ひかく》でずいぶん悩《なや》んだことがあります。自分が他人よりも劣《おと》っていると感じたり、失敗《しっぱい》したと感じたりして、不幸感覚《かんかく》が非常《ひじょう》に強かったのです。若いころはかなり純粋《じゅんすい》だったので、傷《きず》つきやすかったわけです。

しかし、私は、あるとき考え方を変えました。「成功した人に対して、『おめでとう』と言える気持ちになろう」と努力したところ、人生が非常に楽になってきたのです。

人を幸福にすることが自分の人生の目的《もくてき》であるならば、幸福な人や、

成功した人が出てくることは、「よいこと」であるわけです。そのような考え方をするようになると、自分自身に対して同情《どうじょう》したりする時間が少なくなってきます。それが大事なことだと思います。

以前《いぜん》、宗教学《しゅうきょうがく》の雑誌《ざっし》に、外人の研究者が幸福の科学について研究した英文《えいぶん》の論文《ろんぶん》が載《の》っていたので、「どのように書いてあるのかな」と思って読んでみました。

すると、「大川隆法の生《お》い立《た》ち」から始まって、いろいろと書いてありましたが、「小学校のころに、体が太ってきて、本人は相撲《すもう》取りになりたかったのだけれども、その夢《ゆめ》は叶《かな》わずに挫折《ざせつ》した」などということが書いてあったのです。

Message

成功《せいこう》した人に対して、

「おめでとう」

と言える気持ちになろう。

それは、幸福の科学を立宗《りっしゅう》した初年度《しょねんど》に発行した月刊誌《げっかんし》に、軽い気持ちで冗談半分《じょうだんはんぶん》に書いた文章だったのですが、それを文字どおりに受け取って書いてあるわけです。「相撲取りになれず、劣等感を持っていて、しかたなく勉強の道に入った」というようなことが書いてあったので驚《おどろ》きました。

私は、本気で相撲取りになろうと思っていたわけではなく、冗談だったのですが、日本人なら冗談だと分かることが、外人には分からなかったのでしょう。

日本では相撲取りが尊敬《そんけい》されていると思ったのでしょうか。それで、「相撲取りへの夢は叶わず、しかたなく勉強に励《はげ》むようになった」などと書いてあるのですが、こういうものがいったん刊行《かんこう》されると、それが引用されて、ほかのものにもたくさん書かれるようになるのだろうと思います。

そのうち、私は、「横綱《よこづな》になりたかったのに、なれなかった男」などといって、外国で紹介《しょうかい》されるようになるのかもしれません。自分のことを語るのも、なかなか難《むずか》しいものだなと感じました。

自分が向上し、成功していくための考え方

自分固有《こゆう》の人生を愛《あい》し、「生き筋《すじ》」を見つけよ

みなさんは、それぞれ固有《こゆう》の人生を生きており、そのなかで幸福を見いだしていくのは難しいかもしれません。しかし、「他の人と同じではない」ということを、それほど嘆《なげ》く必要《ひつよう》はないと思います。人とは違《ちが》う

自分独自《どくじ》の人生、自分特有《とくゆう》の人生を生きているということは、実に喜ばしいことです。

まったく同じ人生を生きる人は、二人も三人も要《い》りません。「人と違う」ということは、よいことなのです。

それから、人生には、挫折や失敗や病気など、いろいろなことがありますが、それをどう捉《とら》えるかは各人《かくじん》の考え方次第です。

例《たと》えば、病気をすることによって、家族のありがたみというものがよく分かることもあります。また、貧乏《びんぼう》をすることによって、勤労意欲《きんろういよく》が湧《わ》いたり、貧乏な家に生まれたことで、一代で大きな事業を起こすような子供《こども》が出てきたりすることもあります。

すべては、幸福と不幸のどちらの条件《じょうけん》にもなりうるのです。したがっ

自分が向上し、成功していくための考え方

て、私は、「こういう条件が与《あた》えられ、こういう環境《かんきょう》が与えられたら幸福で、そうでなければ不幸である」という考え方は、あまり好《す》きではありません。

むしろ、そのような考え方をすることによって「自己洗脳《じこせんのう》」をし、努力しない生き方をすることのほうが問題であると思います。若いころの苦労や、中年期における苦労などを言い訳《わけ》にせず、自分固有の人生を愛《あい》し、そのなかから自分の「生き筋《すじ》」を見つけることが大事です。

あまり極端《きょくたん》な成功は求《もと》めなくてもよいのです。中間的な成功でもよいので、「自分としては、十分に、よく生きたかな」と思える人生も悪くはないと思います。

そのように、ものの考え方を少し変えていったほうがよいでしょう。

Message

挫折《ざせつ》や失敗《しっぱい》や病気などを

どう捉《とら》えるかは

各人《かくじん》の考え方次第です。

第3章

神と悪《あく》魔《ま》

1 「神」に関《かん》する霊的《れいてき》真実

「神」と呼《よ》べる高級霊《こうきゅうれい》が霊界には大勢《おおぜい》いる

私の著書《ちょしょ》『霊的《れいてき》世界のほんとうの話。』は、霊界や宗教《しゅうきょう》に関《かん》する入門書的《てき》な内容《ないよう》になっています。幸福の科学の信者《しんじゃ》が仏法《ぶっぽう》真理の基礎《きそ》知識《ちしき》を勉強し直すことにも向いていますし、初心者《しょしんしゃ》に差《さ》し上げ、霊界や宗教についての話をすることにも、ちょうどよいテキストであると思います。

本章は、第1章と第2章に続《つづ》き、同書に関する講義《こうぎ》ですが、章題であ

「神」に関する霊的真実

る「神と悪魔《あくま》」というのは、難《むずか》しいテーマです。

宗教学者に、「神と悪魔」という題を与《あた》え、「論文《ろんぶん》でもよいし、講義等でもよいので、これに答えよ」と言ったとき、ズバッと答えられれば大したものです。みな、頭を抱《かか》え、唸《うな》ってしまうと思います。いろいろな文献《ぶんけん》等から引用してきて、何とか取り繕《つくろ》うのが精《せい》いっぱいではないでしょうか。「神と悪魔」のことを実態《じったい》としてつかんでいたならば大したものでしょう。

その意味で、「霊的世界のほんとうの話」の極《きわ》めつけといえば極めつけの話が、この「神と悪魔」というテーマではないかと考えます。

ここで、私は、「神と悪魔」という言い方をし、「天使と悪魔」という題にはしませんでした。このことは当会の霊界観《れいかいかん》とも関係があるのです。

キリスト教などでは、「神」は一人であるのに対して、「天使」という と、大勢《おおぜい》いることになります。

当会の世界観で他の宗教と異《こと》なっているのは、霊的な存在《そんざい》について、段階《だんかい》の違《ちが》いがありながら、同時に、多様な存在があることを認《みと》めているところです。このことは「神」にも当てはまるのです。

ところが、世界の各宗教を見ると、今、主流というか、メジャーであるのは、一神教といわれるものです。これは、「神は一人であり、それ以外《いがい》の神は偽物《にせもの》である」という考え方です。

キリスト教やイスラム教は一神教ですし、ユダヤ教もそうです。こうした一神教が、たまたま、今、先進国に広がっているため、「宗教としては一神教のほうが進んでいる」と考えられています。

そして、「多神教的な宗教を持っているところ、例《たと》えば、インドのように神がたくさんいるところは遅《おく》れている。また、『古事記』『日本書紀《しょき》』等を読むと、日本にも神は大勢いるが、そういう八百万《やおよろず》の神々がいるようなところは遅れている」と見るわけです。このように、「一神教がすごく進んでいる」と捉《とら》えがちです。

しかし、当会の霊界観は、そういうものではありません。

やはり、「神」と呼《よ》んでもいいような、霊格《れいかく》の高い高級存在がいます。それを、「神」ではなく、「天使」や「大天使」と呼ぶこともあれば、「菩薩《ぼさつ》」や「如来《にょらい》」と呼ぶこともありますが、いずれにせよ、霊界には、地上の人間から見ると、遥《はる》かに神に近い高級存在として、いろいろな種《しゅ》

「神」に関する霊的真実

類《るい》の霊人が現実《げんじつ》に大勢いるのです。

そのような霊人たちが、霊言というものを降《お》ろすことによって、霊人の存在証明《しょうめい》が数多くなされてきたわけです。

一神教の発生原因《げんいん》

「われらの神こそ本物だ」と言う宗教は、あちこちにあるのですが、数多くいる天使、あるいは如来や菩薩たちのうちの誰《だれ》かが、その宗教の教祖《きょうそ》を指導《しどう》していて、「われが神だ」と言っている場合、教祖のほうは、「その人しか神はいない」と思ってしまいます。それで一神教になっているのです。

Message

霊界《れいかい》には、

神に近い高級存在《そんざい》として、

いろいろな種類《しゅるい》の霊人《れいじん》が

大勢《おおぜい》いるのです。

そのため、小さな新宗教にも一神教はたくさんあります。だいたい、それが普通《ふつう》のスタイルです。

したがって、「一つの宗教だけが正しく、ほかの宗教は、全部、間違っている」というわけではありません。宗教の違いの多くは、「誰が指導しているか」ということの違いにすぎないのです。

宗教が一神教になりがちなのは、そうしないと、教義や教団《きょうだん》の行動方針《ほうしん》が混乱《こんらん》しやすいからです。複数《ふくすう》の霊人たちが、それぞれ違うことを言うと、話の内容が、あっちに行ったり、こっちに来たりして、今風に言うと、ブレやすいのです。

宗教では、よく、「神同士《どうし》が喧嘩《けんか》をする」という言い方をするのですが、そうならないようにするため、神を一人に絞《しぼ》ることが多いわけです。

「神」に関する霊的真実

それが一神教の発生原因《げんいん》です。

宗教は、たとえ今は大きくなっていたとしても、発生当時を見ると、ほんとうに小さなものです。

例えば、今、日本各地には〝小さな神〟が大勢いて、信者数が百人から三百人ぐらいの新しい宗教がたくさんあるでしょう。そういうところには、「〇〇の命《みこと》」や「〇〇の神」などが降りていると思うのです。

現在の世界宗教も、発生当時は、そのくらいのレベルだっただろうと思います。

それが、何千年かたつうちに大きくなり、各地に広がって、世界的な宗教になったときには、その小さなところに降りた神が、世界的な神のように言われ、他の神を排除《はいじょ》するような状態《じょうたい》になるわけです。それが、宗教的な紛争《ふんそう》などの原因にもなっているのです。

当会は、そういう世界観を明らかにしました。

「人格神《じんかくしん》」は、喜怒哀楽《きどあいらく》を持ち、判断《はんだん》をする

もう一つ、当会の世界観には他の宗教と違っているところがあります。それは、信仰《しんこう》の対象《たいしょう》としての神を「人格神《じんかくしん》」として捉えている部分です。

他の宗教では、「神は、神学的にも哲学的《てつがくてき》にも宗教的にも、何か人間とは違う、崇高《すうこう》な次元の存在である。それは、この世を超《こ》えた存在であり、見ることも聞くことも触《さわ》ることもできない、遥かに尊《とうと》い、宇宙《うちゅう》の根《こん》

「神」に関する霊的真実

源《げん》のような存在である。神は、そういう抽象的《ちゅうしょうてき》な存在であり、手の届《とど》かない存在なのだ」というような捉え方をしやすく、そのように説明《せつめい》している宗教は数多くあります。

ただ、よく目を凝《こ》らすと、例えば、一神教で世界宗教になっているキリスト教を見ても、そこに出てくる神は人格神なのです。イエスが神を「わが父」と呼んだように、それは人格を持っている神であり、人間と同じような喜怒哀楽《きどあいらく》を持ち、考え、判断《はんだん》をする神なのです。

イエス以前の『旧約聖書《きゅうやくせいしょ》』にも、やはり、人格を持ち、怒《おこ》ったり怒《いか》ったりするような神も出てきています。

イスラム教の神もそうです。その神は、「われ以外、神なし」と言うのですが、けっこう喜怒哀楽がある、人間のような性格《せいかく》を持った神なのです。

そのような人格神を、「ほんとうに抽象的な、この世に生まれることのまったくない、遥か彼方《かなた》にある、無限《むげん》の存在としての神」というかたちで、その宗教が持ち上げるのは構《かま》わないと思います。

ただ、現実に出てきている教えや指導原理を見るかぎり、その神は、過去《かこ》において、この世に生まれて肉体を持ち、指導者として優秀《ゆうしゅう》な成績《せいせき》をあげ、死後、神格化されるようになった宗教家や政治《せいじ》指導者などであることは明らかです。

例えば、「エジプトの王のように、地位《ちい》の高い人が、やがて神格化され、神になっている」という場合がほとんどであろうと思います。

その多くは、ここ数千年ぐらいの間に、そうなっているものであり、

「神」に関する霊的真実

おそらく、何百万年も、あるいは、それ以上前まで遡《さかのぼ》るものではないでしょう。

ところが、例えば、キリスト教では、「アダムとイブがつくられた」という人類の起源について、歴史的《れきしてき》には今から四千年ほど前であるような言い方をするので、これでは、どう言い繕《つくろ》っても、この世的には通じません。

「四千年ほど前に、神が粘土《ねんど》をこねてアダムをつくり、その肋骨《ろっこつ》からイブをつくった」と言われても、それを否定《ひてい》する証拠《しょうこ》は、いくらでも出てきます。地下を掘《ほ》れば、それより古い地層《ちそう》から、いくらでも人間の骨《ほね》の化石が出てくるので、その話は、やはり信じられないのです。

要《よう》するに、『聖書』の記述《きじゅつ》は、四千年前よりあとの時代に生きていた人間が、そのように書いているだけなのです。やはり、「ここ数千年よりも昔のことについては分からない」というのが現実でしょう。

したがって、「神」といわれているものの正体は、ここ数千年ぐらいの間に地上に現《あらわ》れた、光の指導霊、光の天使、如来・菩薩であることが多いのです。

そのような人が、この世に生まれ、一定の信仰を集めたり、大勢の人に崇拝《すうはい》されたりしたあと、天上界《てんじょうかい》に還《かえ》るわけですが、その後も、その人への信仰や崇拝が、この世で続いた場合、年数がたてば、その人は神として扱《あつか》われるのです。

「神」に関する霊的真実

神には、地上の人を指導《しどう》するときに名前を隠《かく》す傾向《けいこう》がある

霊的世界のほんとうの姿《すがた》を、当会は描《えが》き出しています。それによって、これまでは分からなかったことが、かなり明らかになってきたのではないかと思います。

「キリスト教」対「イスラム教」の対立図式においてもそうです。神を一人としたならば、どうしても、キリスト教の神と、ムハンマド（マホメット）のほうに出てくる神との間に、微妙《びみょう》にズレを感じる場合があります。

イスラム教はキリスト教を下地《したじ》にしてできたものなので、似《に》ていると

ころもあります。「ガブリエルという、七大天使の一人が通信役になって、ムハンマドにアッラーの言葉を伝《つた》えた」と言っており、いちおうキリスト教を下敷《したじ》きにしてつくった宗教ではあるのです。

しかし、アッラーが伝えてくる言葉には、いろいろと内容に差があり、とても美しい言葉で語られるときもあれば、非常《ひじょう》に卑俗《ひぞく》な言葉で、この世的な譬《たと》えを出されるときもありました。キリスト教徒《きょうと》から見ると、そのあたりが「ちょっと変《へん》だな」という印象《いんしょう》を受ける場合もあるのです。

ただ、実際《じっさい》には、「天上界に指導霊団《しどう》があり、指導霊が四十人ぐらいいて、イスラム教を指導していた」ということが分かっています。天上界には数多くの天使たちがいるので、新しく大きな宗教をつくるときには、集合して指導することが多いわけです。

「神」に関する霊的真実

こういうことが、私の説いた教えにより、初《はじ》めて、はっきりとした姿で人々の目に見えるようになってきました。

実は、神にとって、地上の人に名前を明かすことには、なかなか抵抗《ていこう》があるのです。神には、隠《かく》れ身というか、姿を隠す傾向《けいこう》があるので、ほんとうの名前を明かさない神はたくさんいます。

例えば、大本教《おおもときょう》の神は「艮《うしとら》の金神《こんじん》」であり、天理教《てんりきょう》の神は「天理王命《てんりおうのみこと》」です。地上の人には、こうした神が誰なのか、分からないわけですが、実際は、八百万《やおよろず》の神々のうちの誰かが、そう名乗って指導しているのです。そのように、神には名前を隠す傾向があります。

そして、指導している神が各宗派《かくしゅうは》で違うため、宗派ごとに、いろいろなことをやっているのですが、「それぞれの分野を耕《たがや》すことができれば、それなりに真理が広がる」というように、わりに緩《ゆる》く考えられているわけです。

しかし、この世の人間が、「この神以外は、全部、偽物だ」と考えて、ギューッと絞りすぎると、それが迫害《はくがい》や戦《たたか》いの原因になってしまいます。つまり、人間の心の狭《せま》さが、この世的な衝突《しょうとつ》を生むことが多いのです。

したがって、「当会で説かれている真理が広がる」ということは、どういうことかというと、「霊界のほんとうの姿が見えてくることによって、諸宗教《しょしゅうきょう》が、文化的に異なっていたり、ぶつかったりしていることの意味が分かってくる。そして、相手を理解することができれば、相手に寛容《かんよう》になることもできる」ということなのです。

私は、こういうことについて教えているわけです。

「神」に関する霊的真実

神には「個性《こせい》の差《さ》」や「格《かく》の差《さ》」がある

これが「神」の正体です。

神には、「個性《こせい》の差《さ》」がありますが、「格《かく》の差」もあります。「個性は違っても、格としては同じぐらい」ということはあって、だんだん上に行くほど、当然《とうぜん》、神の数は少なくなってきます。そのように、神々の世界は、きちんとしたピラミッド型《がた》になっているのです。

信者が三百人程度《ていど》の、巷《ちまた》の小さな宗教だと、下のほうの六次元ぐらいの神が指導している場合もあれば、裏側《うらがわ》の竜神《りゅうじん》や天狗《てんぐ》、仙人《せんにん》が霊能力《れいのうりょく》で指導している場合もあります。

表側の本流型の宗教では、霊能力を使うことも多いのですが、やはり、基本教義というものがあって、それを伝道《でんどう》して広げていこうとする傾向があります。「信仰と伝道」というスタイルが基本であり、このスタイルで教えを広げていこうとすることが表側の神の一つの特徴《とくちょう》です。

これが、以前上映した映画《えいが》でも、一つのテーマになっていました。二人の宗教家が出てきて、「どちらが、ほんとうの再誕《さいたん》の仏陀《ぶっだ》か」という競争《きょうそう》が起きるわけですが、結局《けっきょく》、「説いている法そのもので違いを見極《みきわ》める」ということになったのです。

法そのもののなかに、人類を救《すく》う普遍的《ふへんてき》なものが入っているか、いないか。

このあたりが一つの分かれ目になったわけです。

「神」に関する霊的真実

現世における自分たちの利益《りえき》のためだけに活動しているのか。それとも、時代を超えて多くの人々を指導するような原理を説いているのか。この映画では、こうした、「真実は、どちらの側にあるか」という〝法そのものの戦い〟が説かれていたのです。

Message

神には、

「個性《こせい》の差《さ》」がありますが、

「格《かく》の差」もあります。

2 「仏陀再誕《ぶっださいたん》」と「弥勒下生《みろくげしょう》」の違《ちが》い

インド等に遺《のこ》る「仏陀再誕《ぶっださいたん》」伝説《でんせつ》と、経典《きょうてん》が予言する「弥勒下生《みろくげしょう》」

幸福の科学の映画《えいが》を試写会《ししゃかい》で見た一般《いっぱん》の人が、「仏陀《ぶっだ》ではなく弥勒菩薩《みろくぼさつ》が再誕《さいたん》することになっているのではないのか」と言ったそうです。

確《たし》かに、「仏陀入滅《にゅうめつ》の五十六億《おく》七千万年後に、弥勒菩薩が生まれ変《か》わってくる」というようなことが、「弥勒下生経《げしょうきょう》」という弥勒系《けい》の経典《きょうてん》に書かれています。つまり、「兜率天《とそつてん》に住んでいる弥勒菩薩が下生してくる」という内容《ないよう》のお経があるのです。

これは、おそらく、インドの西の外れからアフガニスタンのバーミヤーンに近いあたりで成立《せいりつ》したお経だろうと思います。

仏陀入滅後、仏陀教団《きょうだん》では、いろいろと分派《ぶんぱ》ができ、それぞれが独自《どくじ》のリーダーなどに頼《たよ》るようになりましたが、その過程《かてい》で、いろいろなお経ができました。この「弥勒下生経」は、そのなかの一つだろうと思うのです。

弥勒は、インドの言葉では「マイトレーヤー」ですが、これには、慈《じ》悲《ひ》の「慈」（慈《いつく》しむ）という意味の、「マイトリー」という言葉が含《ふく》まれています。

弥勒信仰《しんこう》そのものは、北伝仏教、すなわち、シルクロードから中国や朝鮮《ちょうせん》半島を通って日本に入ってきた仏教のほうでよく伝《つた》えられた信仰です。

そのため、「弥勒の生まれ変わり」とされた人は、過去、中国には数多くいました。

例《たと》えば、太鼓腹《たいこばら》をした布袋《ほてい》もそうで、「弥勒の化身《けしん》」と言われています。

また、中国では、「紅巾《こうきん》の乱《らん》」など、「○○の乱」というものがたくさん起きましたが、それを率《ひき》いた革命家《かくめいか》には弥勒菩薩を自称《じしょう》した者が多く、「われこそは世を立て直す弥勒菩薩だ」などと言っていました。弥勒菩

「仏陀再誕」と「弥勒下生」の違い

薩の名前が、そのような使われ方をしたことは、中国では何度もあるのです。

一方、インドのアジャンター村には、「仏陀入滅の二千五百年後に仏陀が再誕する」という伝説《でんせつ》が遺《のこ》っています。

これは主として南インドのほうに遺っている伝説ですが、スリランカやタイ、ビルマ（現ミャンマー）など、南伝仏教のほうに伝わっています。「仏陀入滅の二千五百年後、仏陀は東の国に生まれ変わる」という教えが遺っているのですが、そのルーツは、はっきりしていて、アジャンター村あたりにあるのです。

アジャンター村は、有名な石窟《せっくつ》寺院の近くにあり、村人たちは仏教の遺跡《いせき》を長く護《まも》ってきました。そういう人たちが「仏陀再誕」を言い伝えていたのです。

仏陀《ぶっだ》は「仏陀」であるが、弥勒《みろく》は「菩薩《ぼさつ》」である

このように、仏教《ぶっきょう》には、「弥勒《みろく》下生」の話と「仏陀《ぶっだ》再誕」の話が両方ともあります。

ただ、弥勒信仰のもとになっている、「弥勒が救済仏《きゅうさいぶつ》として現《あらわ》れる」という見方には、かなり希望的観測《きぼうてきかんそく》も含まれています。つまり、「未来《みらい》仏《ぶつ》」という考え方は、「遥《はる》か先の未来であれば仏になれる」という意味で使われている面もあるのです。

「仏陀再誕」と「弥勒下生」の違い

Message

インドには、

「仏陀入滅《ぶっだにゅうめつ》の二千五百年後に

仏陀が再誕《さいたん》する」

という伝説《でんせつ》が遺《のこ》っています。

「仏陀再誕」と「弥勒下生」の違い

ところが、アジャンター村に遺っている思想は、もっと明確《めいかく》なものです。「二千五百年後」と年限が区切られていますが、これは現実性のある数字です。

一方、「五十六億七千万年後」というのは天文学的な数字であり、そもそも、そのころに地球が存在《そんざい》するかどうか、あやしいあたりなので、相手にしないほうがよいと私は思います。

いちおう二種類《しゅるい》の話があることはあるので、仏教系の人が「弥勒下生」のほうを言うこともあるだろうと思います。

ただ、仏陀は「仏陀」ですが、弥勒は「菩薩《ぼさつ》」なのです。

弥勒信仰は、「菩薩である弥勒が、いずれ、救世主的な立場で生まれ変わってくる」という信仰です。前述《ぜんじゅつ》したように、弥勒は、その名前自体に、「マイトリー」（慈）という意味も含んでいるので、「そういう菩薩が次は如来《にょらい》になる」という意味合いが、弥勒信仰にはあるわけです。

これに関《かん》して、仏教学者の渡辺照宏《わたなべしょうこう》は、「弥勒という人は、おそらく、若《わか》くして亡《な》くなったのではないか」と述べていました。

彼は、いろいろと本を書いており、岩波新書にも著作《ちょさく》のある人ですが、「弥勒下生経」を評《ひょう》し、「弥勒は、期待されていたのに、若くして亡くなったため、仏陀は、それを大いに惜《お》しみ、その慰《なぐさ》めも込《こ》めて、『弥勒は、来世において、きっと仏に生まれ変わり、多くの人を救うようになるだろう』というようなことを言っていたに違いない。そうでなければ、こういうお経が成立するとは思えない」というようなことを述べていたのです。

「仏陀再誕」と「弥勒下生」の違い

実は、仏陀は、「菩薩が仏になる」という予言を、ずいぶんしていま す。弟子《でし》の菩薩たちについて、「次は如来になる」「いずれ、未来においては仏になる」という予言を数多くしているのです。

しかし、弥勒は、あくまでも菩薩です。「仏陀自身が生まれ変わる」ということと、「仏陀の弟子たちが、生まれ変わって仏になる」ということとは、話が違うのです。

私が、幸福の科学の信者たちに、「みなさんは、いずれ、如来になります」と約束《やくそく》することは簡単《かんたん》ですが、いつなるかは分からないので、「五十六億七千万年以内《いない》には」と言えば、嘘《うそ》を言ったことにはならないかもしれません。「何十億年か先には、如来になり、仏になっているでしょう。未来仏になっているでしょう」と言うぐらいであれば、空手形《からてがた》にはならないかもしれないのです。
このように二種類の話があるわけです。

3　代表的《てき》な悪魔《あくま》とその特徴《とくちょう》

幸福の科学に現《あらわ》れてきた三人の悪魔《あくま》

次に、悪魔《あくま》という存在《そんざい》について述《の》べましょう。

悪魔のなかではキリスト教系《きょうけい》の悪魔が有名です。特《とく》に、ルシフェルという悪魔が有名なのですが、元七大天使の一人と言われている者で、私も、これには、ずいぶん手を焼《や》きました。当会によく出てきた悪魔の一人が、このルシフェルです。これが悪魔の親分格《かく》であり、地獄《じごく》のナンバーワンです。

これ以外《いがい》で当会によく出てきたのは、覚鑁《かくばん》という密教系《みっきょう》の僧侶《そうりょ》の悪魔です。「真言密教の中興《ちゅうこう》の祖《そ》」と言われた人で、根来《ねごろ》密教を開いた人でもあります。空海派《くうかいは》の密教を〝革新《かくしん》〟して、新しい教えをつくったのですが、「邪教《じゃきょう》だ」ということで迫害《はくがい》され、死後、悪魔になっています。法力《ほうりき》をすごく持っているので、なかなか強いのです。

当会は、最初《さいしょ》のころから、これにもかなり攻撃《こうげき》されています。初期の『日蓮《にちれん》の霊言《れいげん》』にも登場してきていますが、名前は伏《ふ》せ字になっていました。

この悪魔が、先ほどの映画《えいが》のなかで、敵対《てきたい》する宗教家《しゅうきょうか》の〝本性《ほんしょう》〟として、最後のほうで出てきます。東京ドームでの対決の場面で、敵の宗教家の憑依霊《ひょういれい》として出てくるのです。

ただ、便宜上《べんぎじょう》、別の名前にしてあります。なぜかというと、「悪魔の名前を呼《よ》ぶ」というのは、ほんとうにまずいことだからです。

ハリー・ポッターのシリーズでは、ヴォルデモートという、闇《やみ》の魔法《まほう》使《つか》いの霊の名前を言ってはいけないことになっています。「例《れい》のあの人」などと言っていますが、あれは宗教的には正しいのです。名前を言うと、その霊に通じ、やってくることがあるからです。

したがって、悪魔の名前は言わないほうがよいのです。

なお、ルシフェルはギリシャ・ローマ系の呼び方であり、英語《えいご》読みではルシファーです。

代表的な悪魔とその特徴

それから、ベルゼベフという悪魔がいます。これはキリスト教系の悪魔としてはナンバーツーです。

当会には、たまに来ますけれども、頻度《ひんど》は低《ひく》いので、おそらく、メインの相手は当会ではなく、どこか、よそに入り、何か大きな〝仕事〟をしているのだと思います。主たる相手はそちらであり、当会は〝副業《ふくぎょう》〟の一つに少々入っているぐらいでしょう。当会には、あまり来ないので、よその仕事で忙《いそが》しいのだと思います。どこに入っているのか、よく知りませんが、おそらく、どこかに入っていると思います。

この悪魔は、よく、「眠《ねむ》りを使う。催眠《さいみん》を使う」と言われています。これに攻撃されると眠くなってくるのです。催眠術《じゅつ》のようなものをかけてくる悪魔なのです。これも確《たし》かに存在しています。

キリスト教の異端排除《いたんはいじょ》には悪魔もかかわっている

ルシフェルやベルゼベフのクラスに攻撃されると、街《まち》の普通《ふつう》の霊能者《れいのうしゃ》のみならず、もう少し大きい教団《きょうだん》の霊能系の教祖であっても、やられてしまいます。

彼らは霊力《れいりょく》自体がとても強いのですが、それだけではありません。歴《れき》史上《しじょう》、何千年にもわたって、あちこちの宗教に入り込《こ》み、攪乱《かくらん》してきているので、宗教知識《ちしき》を持っているのです。そのため、彼らの話を聞いていると、「神か」と思ってしまうところがあり、宗教家のほうが慢心《まんしん》していると、簡単《かんたん》に騙《だま》され、信《しん》じてしまいます。

覚鑁もそうです。彼は真言密教の理論《りろん》などをよく知っており、いろいろなことを言って〝指導《しどう》〟してくるので、「仏《ほとけ》か」と思い、騙されてしまうことがあるのです。

キリスト教においても、そういう悪魔たちは、歴代の法王など、いろいろな人のところに入って、迷《まよ》わせたりしていると思います。彼らはキリスト教のことをよく知っているのです。

キリスト教二千年の歴史においては、よく異端排除《いたんはいじょ》が行われ、異端信《しん》仰《こう》の持ち主を火あぶりにするなどの迫害が数多くありました。ものすごく酷《ひど》い迫害も行われ、ときには、一つの宗派を丸ごと潰《つぶ》してしまうようなこともありました。

代表的な悪魔とその特徴

しかし、異端とされ、迫害されたもののなかには、実は、光の天使系の仕事も、一部、入っていたのです。キリスト教について、「霊的な教えが少ない」「転生輪廻《りんね》の教えが消えている」などと考えて、そういう教えを入れ込んだ一派ができたこともあるのですが、「それを異端と宣《せん》告《こく》して迫害し、徹底的《てっていてき》に潰す」ということを、ローマ法王などは、よく行っています。

このようなときには、おそらく悪魔が入っていると思います。ローマ法王に、おそらくルシフェルなどが入って、そういうことをしたのでしょう。普通の人間の感覚では、「自分と考え方が少し違《ちが》う」という理由で、ある一派の信者全員を殺《ころ》したり、火あぶりにしたりすることは、そう簡単にできることではないので、完全《かんぜん》に悪魔に入られ、軍事的《ぐんじてき》な戦《たたか》いのようになったのだと思います。

また、キリスト教は、「霊言」をするような宗派に対しては、教会の権力《けんりょく》が揺《ゆ》さぶられるおそれがあるため、たいていは非常《ひじょう》に厳《きび》しい弾圧《だんあつ》を加《くわ》えます。近代以降《いこう》の、霊的なものを重視《じゅうし》する宗派についても、否定《ひてい》することが多いのです。

そういう宗派のなかには、間違っているものも多いとは思うのですが、「全部が全部、間違っている」とは言えないでしょう。

ところが、ローマ法王庁《ちょう》は、霊的なものについて非常に厳格《げんかく》です。「ルルドの奇跡《きせき》」においても、たくさん起きた奇跡について、「科学的に実証《じっしょう》できるかどうか」ということを調べ上げ、「ほんとうに間違いないのは、これだけである」というように、認定《にんてい》の範囲《はんい》を狭《せま》くしています。

その意味で、キリスト教には、この世的になりすぎているところがあると思います。

代表的な悪魔とその特徴

4 宗教《しゅうきょう》の王道は「信仰《しんこう》と伝道《でんどう》」

悪魔《あくま》は「この世に基《もと》づく欲望《よくぼう》」の部分を攻《せ》めてくる

結局《けっきょく》、私が述《の》べたいのは、次のようなことです。

神も、悪魔《あくま》も、数多く存在《そんざい》するため、宗教《しゅうきょう》の信仰《しんこう》のなかには不純物《ふじゅんぶつ》が入ってきやすいし、混乱《こんらん》も起きやすいとは思います。

しかし、宗教の王道は、やはり、「信仰と伝道《でんどう》」なので、「信仰するものをはっきりさせ、純粋《じゅんすい》に伝道をしていく」というスタイルを守ることが大事です。

悪魔が〝引っ掛《か》けてくる〟のは、ほとんどが「自我《じが》」にかかわるところです。すなわち、地上の人間の、この世的《てき》な地位《ちい》や名誉《めいよ》、財産《ざいさん》、権利《けんり》など、この世に基《もと》づく欲望《よくぼう》、「この世の生活が、ほんとうの生活である」という考えから出てくる欲の部分です。

悪魔は、この欲の部分に釣《つ》り針《ばり》のようなものを引っ掛けて入り込《こ》み、この世的論理《ろんり》で攻《せ》めてくることが非常《ひじょう》に多いのです。

したがって、やはり、どこかで、「この世というのは一切が空《くう》なのだ」という、「空」の思想に目覚《めざ》めなくてはなりません。

「諸行無常《しょぎょうむじょう》。諸法無我《しょほうむが》。この世には、実体なるものは、ほんとうは何一つないのだ。あの世の世界が、実在の世界、ほんとうの世界であり、

宗教の王道は「信仰と伝道」

Message

信仰《しんこう》するものをはっきりさせ、

純粋《じゅんすい》に伝道《でんどう》をしていく。

もといた世界なのだ。その世界に還《かえ》るために、何十年か、この世で尊《とうと》い修行《しゅぎょう》を積《つ》んでいるのだ。その間、『目に見えないものを、どれだけ信じ切れるか』ということを、魂修行《たましいしゅぎょう》として試《ため》されているのだ」

そのように考えなくてはならないのです。

宗教の王道は「信仰と伝道」

「布施行《ふせぎょう》」は執着《しゅうちゃく》を去る修行《しゅぎょう》の一つ

執着《しゅうちゃく》を去る修行《しゅぎょう》の一つとして、「布施行《ふせぎょう》」というものも与《あた》えられています。

布施をするのは、なかなか大変《たいへん》です。神や仏《ほとけ》に布施をすることは、やはり、「信仰心が、どの程度《ていど》、強いか」ということを表しているのです。

私も、神社・仏閣《ぶっかく》に行ったときには、布施をすることがあります。

例《たと》えば、神社に行けば、私も百円ぐらいはお賽銭《さいせん》を賽銭箱に入れます。もっとも、私はそこに祀《まつ》られている霊《れい》と話ができますが、私のほうが格《かく》は上なのです。したがって、お賽銭として一億円《おくえん》を出したりはしないわけです。

ただ、その霊は、あの世の人なので、地上の人には見えないことを、いろいろと言ってくださることもあります。

このように、神社・仏閣に行けば、私も、布施をすることはします。額《がく》が少なくて申し訳《わけ》ないのですが、当会に対しては、私自身が多額の布施を行っています。

仏教では、布施も、執着を去るための一つの修行と捉《とら》えられており、そういう修行をしていると、悪魔等に入られにくいのですが、この世的なものに非常に執着していると、やはり、入られやすいのです。

家族で財産争《あらそ》いなどの争い事をすると、悪魔までは来ないかもしれませんが、その手下の小悪魔ぐらいは入ってきやすくなるので、気をつけなくてはいけません。

宗教の王道は「信仰と伝道」

日本全国、そして全世界の人々に真実を伝《つた》えよ

『霊的世界のほんとうの話。』に、「地球には、エル・カンターレという存在があり、至高神《しこうしん》として人類《じんるい》を指導《しどう》してきた」ということが書いてあります。

仏教や儒教《じゅきょう》など東洋系《けい》の宗教は別《べつ》ですが、多くの宗教が中東や北アフリカの砂漠地帯《さばくちたい》にて生まれました。この砂漠地帯で神として崇《あが》められ、「エル」や「エロヒム」といわれている存在がエル・カンターレです。

エル・カンターレは、こうした世界宗教と、非常に大きくかかわっているのです。

そのエル・カンターレが地上に下生《げしょう》して創設《そうせつ》したのが幸福の科学です。

当会で霊言の出ている支援霊《しえんれい》を見ると、神、仏、あるいは、それに近い如来《にょらい》や菩薩《ぼさつ》、天使などが宗派《しゅうは》を超《こ》えて霊言を降《お》ろしています。

前述《ぜんじゅつ》した悪魔などではなく、天上界《てんじょうかい》の高級諸霊が宗派を超えて指導している宗教が、この世に現実《げんじつ》にあるならば、その宗教は、今までにないような、大きな器《うつわ》の宗教であることが推定《すいてい》されます。それは、世界性《せい》を

宗教の王道は「信仰と伝道」

持った宗教が、そこにあることを意味しているのです。

したがって、起きている現象《げんしょう》を見て判断《はんだん》してくだされればよいと思います。

私は、幸福の科学の立宗《りっしゅう》以来《いらい》、二十数年間、活動してきました。また、この世に私が生まれて、五十数年がたちました（説法当時）。仏陀《ぶっだ》は、救世主《きゅうせいしゅ》は、すでに来たのです。

しかし、それにまだ気づいていない人は数多くいます。あるいは、気づいていても、単《たん》なる宗教家の一人としてしか認識《にんしき》していない人もいます。気づいていても、否定《ひてい》している人もいます。

私の生誕後《せいたんご》、すでに五十数年が過《す》ぎましたが、「伝道《でんどう》、未《いま》だし」という思いが強くあります。まだまだ日本全国や全世界の人々に真実を伝《つた》えていく必要《ひつよう》があるのです。

そのために、映画《えいが》も公開していますが、伝道活動その他、いろいろな活動を、まだまだ行っていかないと、私たちは本来の使命を果《は》たせているとは言えません。国際《こくさい》伝道も、ますます盛《さか》んにしていきたいと思います。

私たちが通《とお》っていった道筋《みちすじ》を振《ふ》り返ってみて、人々は、「これは、いったい何だったのか」ということが分かってくるのではないでしょうか。まだ、私たちの本来の姿《すがた》は十分に認《みと》められてはおらず、幾《いく》つかある宗教のなかの一つとして、ようやく容認《ようにん》されようとしているあたりのような気がします。しかし、もっともっと、「大いなるもの」として知られてよいと私は思っているのです。
みなさんの、今後の努力《どりょく》・精進《しょうじん》に強く期待したいと思います。

宗教の王道は「信仰と伝道」

あとがき

「死んでから困らない生き方」という言葉は簡単だが、実は、仏教の本当の布教の目的でもあるのだ。

「この世とあの世の真実を知る」「地獄からの脱出」「神と悪魔」、いずれも、仏陀ならでは説けない法話である。

この簡単な一冊の真理の本を、一人でも多くの人に読んで頂ければ幸いである。

二〇一〇年　八月二十四日

幸福《こうふく》の科学《かがく》グループ創始者兼総裁《そうししゃけんそうさい》　大川隆法《おおかわりゅうほう》

本書は左記の法話をとりまとめ、加筆したものです。

第1章　この世とあの世の真実を知る
—スピリチュアル幸福生活セミナー①—
二〇〇九年九月二十一日説法
岩手県・盛岡支部精舎

第2章　地獄からの脱出
—スピリチュアル幸福生活セミナー②—
二〇〇九年九月二十二日説法
青森県・八戸支部精舎

第3章　神と悪魔
—スピリチュアル幸福生活セミナー③—
二〇〇九年九月二十七日説法
富山県・富山中央支部精舎

『死んでから困らない生き方』大川隆法著作参考文献

『霊的世界のほんとうの話。』（幸福の科学出版刊）
『永遠の法』（同右）
『永遠の生命の世界』（同右）
『霊界散歩』（同右）

死《し》んでから困《こま》らない生《い》き方《かた》

——スピリチュアル・ライフのすすめ——

2010年 9 月10日　初版第 1 刷
2024年 4 月30日　　　第12刷

著　者　　大《おお》　川《かわ》　隆《りゅう》　法《ほう》

発行所　　幸福の科学出版株式会社

〒107-0052 東京都港区赤坂 2 丁目 10 番 8 号
TEL(03)5573-7700
https://www.irhpress.co.jp/

印刷・製本　株式会社 サンニチ印刷

落丁・乱丁本はおとりかえいたします

ISBN978-4-86395-069-6 C0014

大川隆法ベストセラーズ・霊的世界の真実

永遠の法

エル・カンターレの世界観

すべての人が死後に旅立つ、あの世の世界。天国と地獄をはじめ、その様子を明確に解き明かした、霊界ガイドブックの決定版。

2,200円

復活の法

未来を、この手に

死後の世界を豊富な具体例で明らかにし、天国に還るための生き方を説く。ガンや生活習慣病、ぼけを防ぐ、心と体の健康法も示される。

1,980円

永遠の生命の世界

人は死んだらどうなるか

死は、永遠の別れではない。死後の魂の行き先、脳死と臓器移植の問題、先祖供養のあり方など、あの世の世界の秘密が明かされた書。

1,650円

正しい供養　まちがった供養

愛するひとを天国に導く方法

「戒名」「自然葬」など、間違いの多い現代の先祖供養には要注意！　死後のさまざまな実例を紹介しつつ、故人も子孫も幸福になるための供養を解説。

1,650円

※表示価格は税込10%です。

大川隆法ベストセラーズ・地獄に堕ちないために

地獄の法

あなたの死後を決める「心の善悪」

どんな生き方が、死後、天国・地獄を分けるのかを明確に示した、姿を変えた『救世の法』。現代に降ろされた「救いの糸」を、あなたはつかみ取れるか？

2,200円

地獄に堕ちた場合の心得

「あの世」に還る前に知っておくべき智慧

身近に潜む、地獄へ通じる考え方とは？ 地獄に堕ちないため、また、万一、地獄に堕ちたときの「救いの命綱」となる一冊。〈付録〉仏教学者 中村元・渡辺照宏の霊言。

1,650円

地獄の方程式

こう考えたらあなたも真夏の幽霊

どういう考え方を持っていると、死後、地獄に堕ちてしまうのか。その「心の法則」が明らかに。「知らなかった」では済まされない、霊的世界の真実。

1,650円

色情地獄論
色情地獄論②

これは昔話ではない！ 現代人の多くが行く「色情地獄」の実態とは──。地獄の執行官・草津の赤鬼が、現代の誤った常識による乱れた男女観をぶった斬る！

各1,540円

幸福の科学出版

大川隆法ベストセラーズ・悪霊・悪魔を寄せつけないために

悪魔からの防衛術

「リアル・エクソシズム」入門

現代の「心理学」や「法律学」の奥にある、霊的な「正義」と「悪」の諸相が明らかに。"目に見えない脅威"から、あなたの人生を護る降魔入門。

1,760円

悪魔の嫌うこと

悪魔は現実に存在し、心の隙《すき》を狙ってくる！ 悪魔の嫌う３カ条、怨霊《おんりょう》の実態、悪魔の正体の見破り方など、悪魔から身を護るための「悟りの書」。

1,760円

真のエクソシスト

身体が重い、抑うつ、悪夢、金縛り、幻聴――。それは悪霊による「憑依《ひょうい》」かもしれない。フィクションを超えた最先端のエクソシスト論が明かされる。

1,760円

エル・カンターレ 人生の疑問・悩みに答える 霊現象・霊障への対処法

シリーズ第6弾

悪夢、予知・占い、原因不明の不調・疲れなど、誰もが経験している「霊的現象」の真実を解明した26のQ&A。霊障問題に対処するための基本テキスト。

1,760円

※表示価格は税込10％です。

大川隆法ベストセラーズ・**人生を導く光の言葉**

書き下ろし箴言集

人生の真実・幸福をつかむ叡智が100の短い言葉に凝縮された、書き下ろし箴言集。神仏の目から見た奥深い洞察がテーマ別に説き記されたシリーズ。【各1,540円】

人生への言葉

仕事への言葉

人格をつくる言葉

コロナ時代の経営心得

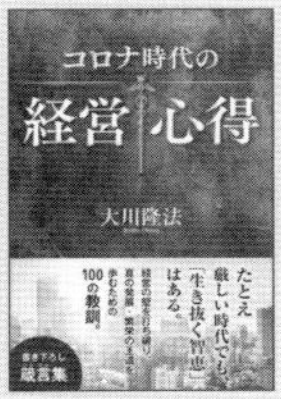

病の時に読む言葉

地獄に堕ちないための言葉

妖怪にならないための言葉

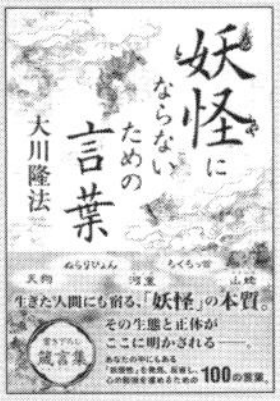

幸福の科学グループのご案内

宗教、教育、政治、出版などの活動を通じて、地球的ユートピアの実現を目指しています。

幸福の科学

一九八六年に立宗。信仰の対象は、地球系霊団の最高大霊、主エル・カンターレ。世界百七十カ国以上の国々に信者を持ち、全人類救済という尊い使命のもと、信者は、「愛」と「悟り」と「ユートピア建設」の教えの実践、伝道に励んでいます。

(二〇二四年四月現在)

愛

幸福の科学の「愛」とは、与える愛です。これは、仏教の慈悲《じひ》や布施《ふせ》の精神と同じことです。信者は、仏法真理をお伝えすることを通して、多くの方に幸福な人生を送っていただくための活動に励んでいます。

悟り

「悟り」とは、自らが仏の子であることを知るということです。教学《きょうがく》や精神統一によって心を磨き、智慧《ちえ》を得て悩みを解決すると共に、天使・菩薩《ぼさつ》の境地を目指し、より多くの人を救える力を身につけていきます。

ユートピア建設

私たち人間は、地上に理想世界を建設するという尊い使命を持って生まれてきています。社会の悪を押しとどめ、善を推し進めるために、信者はさまざまな活動に積極的に参加しています。

幸福の科学の教えをさらに学びたい方へ

心を練る。叡智《えいち》を得る。
美しい空間で生まれ変わる——
幸福の科学の精舎《しょうじゃ》

幸福の科学の精舎《しょうじゃ》は、信仰心《しんこうしん》を深め、悟《さと》りを向上させる聖なる空間です。全国各地の精舎では、人格向上のための研修や、仕事・家庭・健康などの問題を解決するための助力が得られる祈願《きがん》を開催《かいさい》しています。研修や祈願に参加することで、日常で見失いがちな、安らかで幸福な心を取り戻《もど》すことができます。

総本山・正心館

総本山・未来館

総本山・日光精舎

総本山・那須精舎

東京正心館

全国に27精舎を展開。

運命が変わる場所 ——
幸福の科学の支部《しぶ》

幸福の科学は1986年の立宗《りっしゅう》以来、「私、幸せです」と心から言える人を増やすために、世界各地で活動を続けています。
国内では、全国に400カ所以上の支部が展開し、信仰《しんこう》に出合って人生が好転する方が多く誕生しています。
支部では御法話拝聴会、経典学習会、祈願、お祈り、悩み相談などを行っています。

海外支援・災害支援

幸福の科学のネットワークを駆使し、世界中で被災地復興や教育の支援をしています。

毎年２万人以上の方の自殺を減らすため、全国各地でキャンペーンを展開しています。

公式サイト **withyou-hs.net**

自殺防止相談窓口

受付時間　火～土:10～18時（祝日を含む）

TEL **03-5573-7707**　メール **withyou-hs@happy-science.org**

視覚障害や聴覚障害、肢体不自由の方々と点訳・音訳・要約筆記・字幕作成・手話通訳等の各種ボランティアが手を携えて、真理の学習や集い、ボランティア養成等、様々な活動を行っています。

公式サイト **helen-hs.net**

入会のご案内

幸福の科学では、主エル・カンターレ 大川隆法総裁が説く仏法真《ぶっぽうしん》理《り》をもとに、「どうすれば幸福になれるのか、また、他の人を幸福にできるのか」を学び、実践しています。

入会

仏法真理を学んでみたい方へ

主エル・カンターレを信じ、その教えを学ぼうとする方なら、どなたでも入会できます。入会された方には、『入会版「正心法語《しょうしんほうご》」』が授与されます。

入会ご希望の方はネットからも入会申し込みができます。

happy-science.jp/joinus

三帰《さんき》誓願《せいがん》

信仰をさらに深めたい方へ

仏弟子としてさらに信仰を深めたい方は、仏《ぶっ》・法《ぽう》・僧《そう》の三宝《さんぽう》への帰依を誓う「三帰誓願式」を受けることができます。三帰誓願者には、『仏説・正心法語』『祈願文《きがんもん》①』『祈願文②』『エル・カンターレへの祈り』が授与されます。

幸福の科学 サービスセンター

TEL 03-5793-1727

（受付時間／火～金：10～20時　土・日祝：10～18時（月曜を除く））

幸福の科学 公式サイト

happy-science.jp

幸福実現党

内憂外患《ないゆうがいかん》の国難に立ち向かうべく、2009年5月に幸福実現党を立党しました。創立者である大川隆法党総裁の精神的指導のもと、宗教だけでは解決できない問題に取り組み、幸福を具体化するための力になっています。

HS政経塾

大川隆法総裁によって創設された、「未来の日本を背負う、政界・財界で活躍するエリート養成のための社会人教育機関」です。既成の学問を超えた仏法真理を学ぶ「人生の大学院」として、理想国家建設に貢献する人材を輩出するために、2010年に開塾しました。これまで、多数の地方議員が全国各地で活躍してきています。

ハッピー・サイエンス・ユニバーシティ

Happy Science University

ハッピー・サイエンス・ユニバーシティとは

ハッピー・サイエンス・ユニバーシティ（HSU）は、
大川隆法総裁が設立された「日本発の本格私学」です。
建学の精神として「幸福の探究と新文明の創造」を掲げ、
チャレンジ精神にあふれ、新時代を切り拓く人材の輩出を目指します。

人間幸福学部　経営成功学部　未来産業学部

HSU長生キャンパス TEL **0475-32-7770**
〒299-4325　千葉県長生郡長生村一松丙 4427-1

未来創造学部

HSU未来創造・東京キャンパス
TEL **03-3699-7707**
〒136-0076　東京都江東区南砂2-6-5　公式サイト **happy-science.university**

学校法人 幸福の科学学園

学校法人 幸福の科学学園は、幸福の科学の教育理念のもとにつくられた教育機関です。人間にとって最も大切な宗教教育の導入を通じて精神性を高めながら、ユートピア建設に貢献する人材輩出を目指しています。

幸福の科学学園

中学校・高等学校（那須本校）
2010年4月開校・栃木県那須郡（男女共学・全寮制）
TEL **0287-75-7777** 公式サイト **happy-science.ac.jp**

関西中学校・高等学校（関西校）
2013年4月開校・滋賀県大津市（男女共学・寮及び通学）
TEL **077-573-7774** 公式サイト **kansai.happy-science.ac.jp**

仏法真理塾「サクセスNo.1」

全国に本校・拠点・支部校を展開する、幸福の科学による信仰教育の機関です。小学生・中学生・高校生を対象に、信仰教育・徳育にウエイトを置きつつ、将来、社会人として活躍するための学力養成にも力を注いでいます。

TEL 03-5750-0751（東京本校）

エンゼルプランV

東京本校を中心に、全国に支部教室を展開。信仰をもとに幼児の心を豊かに育む情操教育を行い、子どもの個性を伸ばして天使に育てます。

TEL 03-5750-0757（東京本校）

エンゼル精舎

乳幼児が対象の、託児型の宗教教育施設。エル・カンターレ信仰をもとに、「皆、光の子だと信じられる子」を育みます。
（※参拝施設ではありません）

不登校児支援スクール「ネバー・マインド」

TEL 03-5750-1741

心の面からのアプローチを重視して、不登校の子供たちを支援しています。

ユー・アー・エンゼル！（あなたは天使！）運動

障害児の不安や悩みに取り組み、ご両親を励まし、勇気づける、障害児支援のボランティア運動を展開しています。

一般社団法人 ユー・アー・エンゼル
TEL 03-6426-7797

NPO活動支援

学校からのいじめ追放を目指し、さまざまな社会提言をしています。また、各地でのシンポジウムや学校への啓発ポスター掲示等に取り組む一般財団法人「いじめから子供を守ろうネットワーク」を支援しています。

いじめから子供を守ろうネットワーク

公式サイト mamoro.org ブログ blog.mamoro.org
相談窓口 TEL.03-5544-8989

百歳まで生きる会～いくつになっても生涯現役～

「百歳まで生きる会」は、生涯現役人生を掲げ、友達づくり、生きがいづくりを通じ、一人ひとりの幸福と、世界のユートピア化のために、全国各地で友達の輪を広げ、地域や社会に幸福を広げていく活動を続けているシニア層（55歳以上）の集まりです。

【サービスセンター】TEL 03-5793-1727

シニア・プラン21

「百歳まで生きる会」の研修部門として、心を見つめ、新しき人生の再出発、社会貢献を目指し、セミナー等を開催しています。

【サービスセンター】TEL 03-5793-1727

幸福の科学グループ **出版 メディア 芸能文化**

幸福の科学出版

大川隆法総裁の仏法真理の書を中心に、ビジネス、自己啓発、小説など、さまざまなジャンルの書籍・雑誌を出版しています。他にも、映画事業、文学・学術発展のための振興事業、テレビ・ラジオ番組の提供など、幸福の科学文化を広げる事業を行っています。

アー・ユー・ハッピー？
are-you-happy.com

ザ・リバティ
the-liberty.com

幸福の科学出版
TEL **03-5573-7700**
公式サイト **irhpress.co.jp**

THE FACT

YouTubeにて
随時好評
配信中！

ザ・ファクト

マスコミが報道しない
「事実」を世界に伝える
ネット・オピニオン番組

公式サイト **thefact.jp**

NEW STAR PRODUCTION

ニュースター・プロダクション

「新時代の美」を創造する芸能プロダクションです。多くの方々に良き感化を与えられるような魅力あふれるタレントを世に送り出すべく、日々、活動しています。 公式サイト **newstarpro.co.jp**

ARI Production

ARI《アリ》 Production《プロダクション》

タレント一人ひとりの個性や魅力を引き出し、「新時代を創造するエンターテインメント」をコンセプトに、世の中に精神的価値のある作品を提供していく芸能プロダクションです。 公式サイト **aripro.co.jp**